Escolha a Felicidade

A Arte de Viver sem Restrições

Veronica Ray

Escolha a Felicidade

A ARTE DE VIVER SEM RESTRIÇÕES

Tradução
MARIA CECÍLIA MUSSI FERREIRA

EDITORA PENSAMENTO
São Paulo

Título do original: *Choosing Happiness — The Art of Living Unconditionally*

Copyright © 1991 Hazelden Foundation.

Todos os direitos reservados. Publicado mediante acordo com a Hazelden Foundation.

Nenhuma parte deste livro deverá ser reproduzida de qualquer forma sem a permissão dos editores.

Nota do editor:
Os materiais informativos da Editora Hazelden oferecem uma grande variedade de informações sobre a dependência química e áreas correlatas. Nossas publicações não representam necessariamente a Hazelden ou os seus programas, nem representam oficialmente qualquer organização dos Doze Passos.
As histórias relatadas neste livro referem-se a pessoas reais, mas todos os nomes foram trocados a fim de proteger seu anonimato.
Os seguintes editores generosamente permitiram o uso de citações de trabalhos com direitos autorais: Excerto(s) de *Notes on How to Live in the World ... and Still Be Happy*, de Hugh Prather. Copyright © 1986 de Hugh Prather. Usado com a permissão da Editora Doubleday, uma divisão da Bantam Doubleday Dell Publishing Group, Inc. De *The Power of Myth*, de Joseph Campbell, com Bill Moyers. Copyright © 1988, da Doubleday, uma divisão da Bantam Doubleday Dell Publishing Group, Inc. Reproduzido com permissão. De *The Varieties of Religious Experience*, de William James. Copyright © 1982, da Editora Penguin. Reproduzido com permissão.

Edição	O primeiro número à esquerda indica a edição, ou reedição, desta obra. A primeira dezena à direita indica o ano em que esta edição, ou reedição, foi publicada.	Ano
1-2-3-4-5-6-7-8-9-10		99-00-01-02-03-04

Direitos de tradução para o Brasil
adquiridos com exclusividade pela
EDITORA PENSAMENTO LTDA.
Rua Dr. Mário Vicente, 374 — 04270-000 — São Paulo, SP
Fone: 272-1399 — Fax: 272-4770
E-mail: pensamento@snet.com.br
http://www.pensamento-cultrix.com.br
que se reserva a propriedade literária desta tradução.

Impresso em nossas oficinas gráficas.

Sumário

Agradecimentos 7
Capítulo Um   Vidas Cheias de Condições 9
Capítulo Dois   A Felicidade 15
Capítulo Três   A Nossa Identidade 29
Capítulo Quatro   Os Relacionamentos 48
Capítulo Cinco   Os Problemas das Outras Pessoas 72
Capítulo Seis   O Sucesso das Outras Pessoas 91
Capítulo Sete   O Trabalho 110
Capítulo Oito   O Dinheiro 131
Capítulo Nove   A Saúde e o Envelhecimento 154
Capítulo Dez   A Perda Repentina e a Mudança 180
Capítulo Onze   As Atmosferas 197
Capítulo Doze   As Escolhas Positivas 218
Epílogo   A Serenidade 239

Bibliografia e Sugestões de Leitura 241

Agradecimentos

Sou muito grata por ter vivido a experiência de escrever este livro. Agradeço a minhas editoras, Rebecca Post e Judy Delaney, por toda a sua ajuda, estímulo e dedicação. Agradeço a todos os que compartilharam suas histórias e reflexões comigo para que eu pudesse dividi-las com você. Agradeço ao meu marido e à minha filha por seu amor incondicional, e a Deus por *tudo*.

Capítulo Um

Vidas Cheias de Condições

Quais são os "ses" e os "mas" que limitam o meu prazer de viver?

— John Powell

Com que freqüência pensamos *Eu seria feliz se...* ou *Serei feliz quando...*? Quantas vezes deixamos de sentir calma, alegria e contentamento apenas para mergulharmos em sentimentos de medo, raiva ou desespero, quando alguma coisa acontece ou deixa de acontecer em nossa vida? Ou mesmo quando simplesmente ouvimos sobre algo que está acontecendo a alguém? Quantas condições impomos para sermos felizes?

Às vezes achamos que seremos felizes quando perdermos alguns quilos, conseguirmos um emprego ou uma promoção, encontrarmos um amor, nos casarmos, tivermos um filho ou atingirmos um outro objetivo qualquer. Mas quando a meta é atingida, sempre existem outras para substituírem-na. A felicidade sempre parece fora do nosso alcance.

Todos já vimos adesivos em vidros de automóveis e pôsteres com a Lei de Murphy*: "Se alguma coisa pode dar errado, dará". E, mesmo assim, quando algo realmente dá errado, em geral nos surpreendemos. Ficamos confusos, indefesos, atordoados e até mesmo com

---

* Lei de Murphy: Maneira humorística de se referir à tendência natural de as coisas sempre darem errado se houver essa possibilidade.

raiva. A serenidade e a alegria voam pela janela. Tudo o que acreditamos ser fundamental para nosso bem-estar nos escapa das mãos. O que fazemos então?

A realidade é que os carros às vezes param de funcionar, os vendedores algumas vezes são mal-educados, perdemos as economias que fizemos e os compromissos são desmarcados. Nossos ídolos podem, de uma hora para outra, demonstrar que são fracos ou corruptos. Pessoas próximas a nós que são dependentes de drogas podem não querer se curar. As pessoas que amamos podem morrer ou ir embora. Podemos perder o emprego, os amigos, a saúde ou o dinheiro. O nosso corpo vai envelhecer. As coisas acontecem e elas vivem mudando — essa é a ordem natural da vida.

É possível conviver com toda a confusão, sofrimento e injustiça que fazem parte do mundo e não ser afetado por tudo isso? Claro que não. A pergunta é: *como* e *até que ponto* somos afetados. A possibilidade de sermos criticados por um colega de trabalho nos faz cair em depressão? As histórias que ouvimos sobre acidentes, catástrofes ou crimes nos fazem encarar com desconfiança os elevadores, os aviões ou as pessoas? Um vendedor que comete um erro ao nos atender faz com que fiquemos tão zangados a ponto de nos recusarmos a fazer compras no mesmo lugar novamente? Uma conversa rápida pelo telefone com alguém da família nos enche de culpa ou preocupação por horas ou dias a fio?

Quanto da nossa felicidade e serenidade depende das circunstâncias que fazem parte da vida? Se *sabemos* que as coisas podem dar errado, por que insistimos em buscar a perfeição? Por que adiamos a felicidade como se algum dia as coisas pudessem ser como queremos? Por que deixamos que tudo que acontece fora de nós provoque uma sucessão vertiginosa de pensamentos, sentimentos e atitudes dentro de nós?

É claro que *saber* que as coisas acontecem não é o mesmo que *aceitá-las*. Para a maioria de nós a Lei de Murphy é um lamento amargo. Mas tem de ser assim? O que aconteceria se aceitássemos com tranqüilidade o fato de que, em geral, as coisas não são como gostaríamos que fossem. O que aconteceria se realmente acreditássemos, no fundo do nosso coração, que ficaremos bem não importa o que nos aconteça?

Enquanto responsabilizarmos as condições externas pelo nosso estado de espírito, viveremos num turbilhão de emoções intensas. Enquanto só pudermos ser felizes se o nosso time vencer, vamos muitas vezes nos sentir infelizes. Enquanto continuarmos estabelecendo metas para ter no futuro satisfação, serenidade e felicidade, jamais chegaremos àquele indefinível pote de ouro no final do arco-íris.

O mundo não foi feito para ser como você, eu ou qualquer outra pessoa gostaria que fosse. A Lei de Murphy, como a maioria dos chavões, contém uma boa dose de verdade. Mas, em vez de ser uma manifestação de ressentimento e autocomiseração, ela pode ser uma estrela-guia que nos lembrará de que *podemos* conviver com a realidade. Podemos encará-la com humor, flexibilidade e serenidade. Podemos realmente ficar bem, não importa o que aconteça.

A SERENIDADE

Como chegamos a esse estado de autocontrole e paz interior? Descobrindo a infinita fonte de aceitação e tranqüilidade que existe dentro de nós. Existe um lugar no nosso íntimo em que o amor, a paz e a total serenidade reinam. *Serenidade* é uma palavra que não ouvimos muito hoje em dia. Ela significa ter tranqüilidade, calma e paz de espírito, no corpo e no coração.

Quase cem anos atrás, James Allen escreveu num livreto intitulado *As A Man Thinketh*, "Quem não adoraria ter um coração tranqüilo, uma vida cheia de paz e equilíbrio? Não importa que chova ou faça sol ou que mudanças a vida reserva para os que receberam essas bênçãos divinas, pois eles serão sempre gentis, pacíficos e calmos". Isso é *serenidade* e é sobre isso que este livro trata.

Podemos começar nossa jornada rumo a esse lugar de paz interior e equilíbrio lembrando-nos sempre da Prece da Serenidade e refletindo sobre o seu verdadeiro significado.

Deus, dê-me serenidade
Para aceitar as coisas que não posso mudar,
Coragem para mudar as coisas que posso,
E sabedoria para perceber a diferença entre elas.

Aceitar o que não podemos mudar significa realmente apreciarmos um jogo, independentemente de quem o vença. Significa saber que o mundo não vai acabar se mudarmos de emprego, embarcarmos mais tarde num vôo ou não pudermos comprar aquele carro novo. Significa saber que o mundo e as pessoas não são perfeitas — e *tudo bem*. A verdadeira aceitação significa mais do que tolerar as adversidades de má vontade; significa que a nossa paz e felicidade não serão ameaçadas por qualquer acontecimento ou situação exteriores.

Mesmo assim uma vozinha continua nos dizendo que, de alguma forma, essa maneira de agir é irresponsável? Em seu livro *Notes on How to Live in the World... and Still Be Happy,* Hugh Prather escreveu, "Existe uma culpa latente na despreocupação e muito medo de que, quando só nos ocupamos da tarefa de ser felizes, não estamos dando a devida atenção aos nossos interesses pessoais e, certamente, estamos deixando de fazer tudo o que podemos pelo mundo".

Vamos nos perguntar o que toda preocupação, tristeza, medo e raiva estão realmente fazendo por nós, pelo próximo ou pelo mundo. O fato de ficarmos constantemente preocupados com os problemas do mundo e das outras pessoas não contribui em nada para que eles sejam resolvidos. A crença de que de alguma forma estamos a salvo desses perigos que não saem da nossa cabeça, em geral, é pura ilusão. Grande parte de nossos medos e preocupações gira em torno de coisas que nunca afetarão nossa vida. Mas continuamos nos sentindo culpados por querer, esperar ou buscar a verdadeira felicidade e alegria de viver.

Podemos usar a paz interior como desculpa para não pagar as contas, deixar de honrar compromissos ou adotar um comportamento destrutivo? Evidente que não. Na Prece da Serenidade pedimos coragem para mudar as coisas que *podemos* mudar, e é aí que estão as nossas responsabilidades. A única coisa que podemos mudar somos nós mesmos. Somos totalmente responsáveis por nossos pensamentos, ações e comportamentos. Cumpriremos com a nossa responsabilidade e colaboraremos com o mundo que nos cerca se fizermos o melhor que pudermos nesses aspectos. E a melhor parte de cada um de nós ficará cada vez melhor com o tempo e com a prática, e não perderemos mais tempo e energia com coisas que jamais poderemos controlar.

Assumir a responsabilidade por nossa felicidade não significa que nunca mais encontraremos dificuldades. Às vezes, as coisas que não esperamos acontecem, e as que esperamos não acontecem. Nem sempre conseguimos aquilo que achamos que queremos, e o que conquistamos nem sempre parecerá ser tão bom. Continuaremos a sentir mágoa, tristeza, decepção e raiva, de tempos em tempos. Mas esses sentimentos não têm de ferir tão fundo ou durar tanto tempo, a ponto de estragar o dia, a semana ou toda uma vida.

Cultivar a força interior, a serenidade e o crescimento espiritual nos ajudará, cada vez mais, a aceitar pacificamente qualquer fato externo que aconteça. Os altos e baixos da vida se tornarão um caminhar tranqüilo, em vez de terríveis montanhas a escalar e quedas bruscas a enfrentar.

Quando aprendermos de fato a nos conhecer, a nos amar e a centralizar a nossa energia pessoal no nosso eu espiritual mais elevado, *saberemos* — profunda e verdadeiramente — que ficaremos bem, não importa o que aconteça conosco ou à nossa volta. Saberemos que às vezes não há nada de errado em nos sentirmos mal por algum tempo. Deixaremos o passado para trás e acreditaremos que o futuro não nos reservará nenhuma experiência que não consigamos enfrentar, com a qual nada aprenderemos ou que não nos fará crescer. A única condição necessária para encontrarmos a paz interior e a felicidade verdadeira é procurá-las no único lugar onde elas podem ser encontradas — no fundo de nós mesmos.

Neste livro, vamos analisar nossas crenças acerca da felicidade, da espiritualidade, do trabalho, do dinheiro, das outras pessoas, do nosso corpo e do que nos cerca. Veremos como deixamos que as condições externas da vida determinem o nosso estado de espírito. Também descobriremos novas maneiras de encarar situações do passado e formas positivas de mudarmos o que pode ser mudado. Descobriremos novas verdades e alegrias em alguns chavões e aprenderemos a aplicá-los em nossa vida.

Descobriremos um novo tipo de felicidade que independe de qualquer condição externa. Começaremos a cultivar esse estado de paz e felicidade que advém da *serenidade*. Não teremos uma vida isenta de altos e baixos, mas começaremos a apreciar o caminho que temos pela frente.

Capítulo Dois

A Felicidade

Como conquistar, manter e recuperar a felicidade é, na verdade, para a maioria das pessoas de todos os tempos, o motivo secreto de tudo o que fazem e de tudo o que se dispõem a enfrentar.

— William James

Todo mundo tem uma história pessoal de felicidade. Ao longo da vida nós definimos o que é para nós felicidade e a vivemos de uma série de maneiras. Se analisarmos essas histórias, aprenderemos como nos desenvolver para ter uma experiência de felicidade mais madura.

A HISTÓRIA DE FELICIDADE DE KARA

— Durante a maior parte da minha vida, fui uma pessoa muito infeliz — Kara nos conta. — O alcoolismo em minha família fez da minha infância uma fase cheia de medo, falta de confiança, raiva e atribulação. Eu imaginava que, quando crescesse, tudo seria diferente e, então, seria feliz para sempre.

— Na minha adolescência — Kara continua —, eu já tinha aprendido como esconder os meus sentimentos e evitar o sofrimento, convencendo a mim mesma de que eu não ligava para ninguém ou coisa nenhuma. Os meus planos eram dedicar minha vida a uma carreira e manter as pessoas a distância. Eu acreditava que a vida era um tormento e que nada realmente tinha muita importância. Mas bem lá no fundo, eu continuava esperando ser feliz para sempre... Algum dia.

A partir dos vinte anos, Kara passava o tempo todo tentando ser atenciosa e simpática e buscando a aprovação das pessoas: — Percebi que de alguma forma eu era culpada pela infelicidade que sentia — ela disse —, que havia algo errado comigo que fazia com que me sentisse infeliz, já que as condições externas pareciam relativamente boas.

No ano em que Kara completou 30 anos, alguma coisa mudou dentro dela. — Comecei a sentir que se eu fosse mesmo um dia "viver feliz para sempre", teria de ser naquele momento ou nunca mais. Eu avaliei tudo sobre a minha vida e, então, decidi manter o que era bom e me livrar de tudo o que achava que me fazia infeliz. Saí do emprego que detestava e arrumei outro que, apesar de pagar menos, eu adorava. Voltei para a faculdade graças a empréstimos, bolsas de estudo e determinação. Fiz uma série de outras mudanças externas, mas o mais importante foi começar a ver que a vida é cheia de possibilidades e oportunidades, e não um fardo cheio de obrigações e armadilhas perigosas.

— A única coisa que realmente mudou naquele ano foi o meu modo de pensar — continuou Kara. — Todas as mudanças externas sempre estiveram ao alcance das minhas mãos, mas eu simplesmente não conseguia enxergá-las até o dia que me decidi a vê-las.

— Esse foi somente o primeiro passo em minha jornada rumo à paz interior e à verdadeira felicidade. Desde então, aprendi que não era o trabalho, a universidade ou qualquer outra condição externa que me fazia feliz. *Foi a decisão que tomei de começar a ser feliz.* Eu tinha tomado a decisão de procurar saber onde a felicidade podia ser encontrada. Estava deixando para trás crenças, relacionamentos e comportamentos antigos e aceitando mudar alguns aspectos da minha vida. Era a descoberta de que *a resposta sempre estivera dentro de mim.*

Todos querem ser felizes

Nós pensamos, falamos e cantamos sobre a felicidade. Queremos ser felizes, fazemos planos para isso, temos esperança de que um dia seremos, rezamos e aguardamos ansiosamente que isso aconteça. Mesmo os nossos maiores enganos e a maioria das atitudes que nos levam ao fracasso são, de alguma forma, conseqüência da vontade que temos de ser felizes.

Todos reconhecem que a felicidade é um ingrediente indispensável da vida ou, no mínimo, desejável. Mas o que *é* exatamente a felicidade? Todas as pessoas a definem e sentem da mesma forma? Por que alguns parecem ser mais felizes do que outros, independentemente das circunstâncias em que vivem? O que faz uma pessoa ser feliz?

Antigas definições

A maioria de nós provavelmente define a felicidade como a conquista de alguma coisa que se quer, ou a possibilidade de se livrar de algo que não se quer. Portanto, definimos a felicidade de maneiras diferentes, de acordo com o que queremos num certo momento. Achamos que algumas condições externas são responsáveis por nossa felicidade.

Talvez acreditemos que para ter felicidade precisamos de um certo tipo de liberdade, como férias na escola ou no trabalho. Talvez achemos que o prazer e o bem-estar físico sejam necessários para sermos felizes. Alguns de nós se cercam de coisas luxuosas e superficiais ou gastam seu tempo procurando o melhor em termos de comida, sexo, drogas ou de qualquer outra coisa que acreditem fazer com que nos sintamos bem.

Talvez acreditemos que a excitação seja o ingrediente essencial da felicidade, e por isso criemos dramas ou mesmo situações de risco em nossa vida. Pulamos de galho em galho, terminando e começando relacionamentos, mudando de emprego, o modo de vestir ou o estilo de vida, com a maior freqüência possível.

Podemos achar que a nossa felicidade depende da aprovação e da aceitação dos outros, por isso lutamos para ser bem-sucedidos achando que assim vamos impressionar as pessoas à nossa volta. Ou então perdemos tempo e energia tentando fazer os outros felizes e esperando no íntimo que eles, em troca, também nos façam felizes.

Antigas origens

Em geral, essas idéias vêm da nossa infância, de influências que tivemos no lar, na escola, na igreja e na sociedade. As imagens que vemos na televisão e em outros meios de comunicação de massa influenciam muito a nossa maneira de pensar e o nosso comportamento. Porém, o ambiente familiar em que crescemos é que tem maior impacto sobre as opiniões que formamos.

Mesmo que esteja claro que nossos pais falharam em sua maneira de procurar a felicidade, não deixamos de seguir seus ensinamentos — sejam eles verbais ou através de exemplos — sobre como viver e procurar a felicidade. Tendemos a acreditar que de alguma forma os nossos pais tenham falhado em suas tarefas, em vez de analisarmos a tarefa em si. Por isso, acreditamos que seremos bem-sucedidos naquilo que eles falharam e continuamos a nos comportar como eles.

Antigos efeitos

Qualquer que seja a nossa opinião sobre o que é felicidade, estaremos fadados a nunca encontrá-la enquanto acreditarmos que ela é resultado de condições externas, que estão sempre mudando. Passaremos a vida procurando "momentos consolidados" de felicidade. O nosso anseio interior de atingir a verdadeira felicidade nunca será realizado.

Se definirmos a felicidade como um estado de perfeição, com tudo correndo exatamente como esperávamos, jamais seremos felizes. Se dependermos de outra pessoa para sermos felizes, estaremos fadados ao sofrimento e à dor sempre que essa pessoa deixar de fazer o que queríamos ou que esperávamos que ela fizesse. Se definirmos a felicidade como prazer, excitação ou aventura, ela será, na melhor das hipóteses, passageira e transitória. Além de poder nos trazer doenças, perigos ou tragédias.

A FELICIDADE É UMA ESCOLHA

A felicidade é o sentimento que temos de que tudo está bem. Ela é ausência de medo, de perturbação e de conflito. É um lugar de tranqüilidade, satisfação e prazer. É paz de espírito. A coisa mais importante que temos de aprender sobre a felicidade, a meu ver, é que ela é uma *escolha*. Está sempre ao nosso alcance; está dentro de cada um de nós.

O que precisamos lembrar é que sempre há uma outra maneira de encararmos qualquer coisa. Quando somos infelizes — isto é, quando não estamos em contato com a paz e com a satisfação, que são sentimentos naturais e elementares dentro de nós — é porque estamos presos a um ponto de vista infeliz. Nós nos agarramos obstinadamente a ele, perdendo de vista as alternativas. E mesmo diante das maiores adversidades, sempre existem alternativas.

Felicidade e culpa

Se a felicidade é sempre uma opção, por que alguém escolheria algo diferente? É porque ou não sabemos que temos essa opção ou porque achamos que não a merecemos. Optamos por nos sentir culpados, receosos ou preocupados com as coisas que não podemos controlar, em vez de optarmos pela felicidade.

Em seu livro *Love & Guilt & the Meaning of Life, Etc.*, Judith Viorst disse: "Mostre-me uma pessoa feliz e eu lhe mostrarei um ser humano muito preocupado, um ser humano que está sempre se perguntando: 'O que eu fiz para merecer tanta felicidade?' E 'O que e quanto eu terei de pagar por ela?'"

Temos ainda a tendência de ser arrogantes quando somos infelizes. Achamos que as pessoas felizes são frívolas, egoístas e pouco inteligentes. No final da década de 1980, quando Bobby McFerrin cantava "*Don't Worry, Be Happy*" [Não se preocupe, seja feliz], algumas pessoas interpretaram a canção como um chamado à irresponsabilidade hedonística. A culpa que tinham dentro de si foi desencadeada e elas acharam que a canção se equiparava à ética da década de 1960 de Timothy Leary, "Sintonize-se, ligue-se e caia fora". Somente se dermos muita importância para a preocupação, se acreditarmos que podemos controlar tudo e se encararmos a felicidade como uma coisa ruim, poderá uma simples frase positiva, como "Não se preocupe, seja feliz", parecer tão terrível.

A felicidade só terá essa má reputação enquanto a definirmos como a busca do prazer irresponsável. Como todos nós queremos a felicidade, essa definição nos deixará sempre em conflito, pois queremos ser felizes e, ao mesmo tempo, ser pessoas boas e responsáveis. Esse conflito tem várias origens. A religião e a nossa consciência social são duas fontes poderosas que colocam a culpa acima da felicidade.

Felicidade e religião

Ao longo dos séculos, a religião às vezes tem tentado encorajar o bem e o amor condenando o anseio pela felicidade. Aprendemos, direta ou indiretamente, que a angústia, o sofrimento e o sacrifício de alguma forma nos tornam bons. É importante lembrar que a nossa opção religiosa não significa o mesmo que o nosso relacionamento com Deus. Os padres, pastores e rabinos são somente seres humanos. Eles podem, inadvertida ou equivocadamente, nos levar a ter medo da felicidade.

No entanto, podemos ver a religião de outra maneira, sem desprezarmos todos os seus conceitos. No clássico romance *Poliana*, a heroína lembra uma polêmica questão da Bíblia segundo a qual mais de 800 vezes somos aconselhados a ser felizes. Poliana diz: "Se Deus teve o trabalho de nos dizer *800 vezes* para sermos alegres e nos alegrarmos, Ele deve realmente querer que façamos isso!" A clareza e a simplicidade com que essa criança vê as coisas bate de frente com a nossa racionalização religiosa e as justificativas que temos para que a culpa prevaleça sobre a felicidade.

Marie, aos 90 anos de idade, lembra-se do conselho que seu pai lhe dava quando era pequena e morava num pequeno vilarejo da Itália. — Ele sempre me fazia ir à igreja, sem se importar com o quanto eu me queixasse dos sermões do velho padre do vilarejo — ela conta. — Meu pai costumava dizer: "Você não tem que ouvir o que o padre diz se não quiser. Simplesmente não preste atenção nele. Mas vá e faça as suas orações na casa de Deus." Marie acredita que a fé inquebrantável que teve em Deus, durante toda a vida, deve-se ao conselho do pai. Ele ensinou-lhe o que os programas de Doze Passos* nos dizem hoje em dia: *pegue o que você pode usar e largue o resto.* Essa é uma verdade tanto para a religião quanto para os programas de Doze Passos. Porque não deixou de acreditar, a fé de Marie cresceu e floresceu ao longo dos anos, tornando-se a base de sua felicidade.

A política da felicidade

Outra origem do conflito com relação à felicidade é o ambiente social e político. Como podemos ser felizes com tantas guerras, fome, pessoas desabrigadas, miséria, doenças, injustiça, ignorância, crueldade e sofrimento no mundo? Como podemos ficar atentos ao que

---

* No original, *Twelve Step Programs*. Muito comuns nos Estados Unidos, esses programas visam à reabilitação de viciados. Muitos desses programas são gratuitos e desenvolvidos por voluntários. (N.T.)

acontece, interessados em conseguir fazer mudanças positivas e ser *felizes* ao mesmo tempo?

É fácil se sentir desestimulado ou deprimido diante de todos os problemas do mundo. Mas o desestímulo e a depressão nunca provocaram nenhuma mudança positiva. A preocupação, a raiva, o medo e a tristeza fazem com que nos sintamos justos, conscientes, preocupados e bem-informados, mas tais sentimentos em nada contribuem para diminuir ou sanar os problemas. Tomar qualquer atitude a partir de um ponto de vista negativo é autodestrutivo e improdutivo. Porém, a atitude positiva que surge dos bons pensamentos pode gerar uma grande mudança. Se optarmos pela verdadeira felicidade interior poderemos espalhar essa energia positiva pelo mundo todo.

Acho que as pessoas mais felizes do mundo são aquelas que estão realmente dando uma contribuição positiva para a humanidade. A Madre Teresa de Calcutá por acaso se sentia desanimada, achando que o trabalho que fazia junto aos pobres era só uma gota no enorme mar de sofrimento humano? Se tivesse optado por esse ponto de vista negativo, ela não teria conseguido levantar todas as manhãs e realizar o maravilhoso trabalho que fez. Sem um enorme e profundo sentimento de fé, esperança e paz — que são os elementos básicos da verdadeira felicidade — como ela poderia dar tanto amor às pessoas? A nossa infelicidade não ajuda ninguém e nem transforma o mundo num lugar melhor.

Um novo conceito de felicidade

Uma vez que superemos os obstáculos que nos impedem de acreditar que sentir uma grande, constante e profunda felicidade não é impossível ou imoral, podemos avançar para descobrir o que ela é, como podemos encontrá-la e mantê-la.

Quando deixamos de acreditar que a felicidade nada mais é do que alguns momentos fugazes de alívio entre as crises e o sofrimento, podemos começar a vê-la como nosso bem-estar básico. Podemos achar que o bem-estar é muito mais do que a ausência de doença ou sofrimento. Ela é a fé, constante e básica, de que tudo está ou vai ficar bem. Mesmo quando coisas que parecem ser complicadas ou dolorosas acontecem, o bem-estar é a compreensão de que podemos sobreviver, tomar conta de nós mesmos, aprender, crescer e recuperar a harmonia interior. Isso é *equilíbrio*, e nem mesmo os ventos mais fortes, as chuvas torrenciais e ondas gigantescas conseguem nos derrubar.

A felicidade verdadeira e constante não está na aventura, na excitação ou no prazer e no conforto material. Ela não é conquistada quando agradamos a outra pessoa ou atingimos um estado imaginário de perfeição. Ela só é encontrada no sentimento sereno de satisfação, fé, esperança e tranqüilidade.

A satisfação

Aprender a ficar satisfeito é um grande passo rumo à verdadeira felicidade. Isso significa aceitar as coisas como elas são, sem tentar controlá-las, e perceber todas as coisas boas que existem em tudo o que ocorre. O *Talmud*, livro judeu de ensinamentos rabínicos, diz que o homem rico é aquele que está satisfeito com o que tem. A Oração da Serenidade nos faz lembrar de que aceitar as coisas que não podemos controlar é o segredo para vivermos felizes e em paz.

Satisfação não significa complacência, fatalismo ou negação. Como Paul Pearsall escreveu em seu livro *Super Joy*, "Há uma grande diferença entre negar os problemas reais e evitar nos angustiar com coisas que não podemos mudar". Satisfação significa estar de corpo inteiro onde quer que estejamos agora, e saber que é assim que precisamos ficar. Podemos continuar a ter esperança, fazer planos e trabalhar para ter um futuro melhor, mas sempre nos concentrando no que já temos de bom em nossas mãos.

A fé

A felicidade vem da nossa maneira de enxergar o mundo, das nossas convicções e atitudes básicas diante da vida. A fé é uma parte fundamental da maneira de ver o mundo. Acho que não existe ninguém sem fé. O único problema é *em que* depositamos nossa fé.

Alguns de nós têm fé na própria profissão, nas suas convicções políticas ou conhecimentos científicos. Outros depositam sua fé nas suas capacidades intelectuais, no seu corpo ou na sua personalidade. Alguns de nós fazem da comida, do sexo, das drogas, do dinheiro ou do álcool o alvo de sua fé. Muitos de nós depositam fé nas outras pessoas — na família, nos amigos, no namorado, nos líderes políticos ou religiosos.

Às vezes, a nossa verdadeira fé está oculta sob alguns desses rótulos. Por exemplo, duas pessoas dizem ter fé em Deus. Uma delas vê Deus como um espírito totalmente pleno de amor, aceitação, compreensão e perdão, para quem ela se voltará em bem-aventurada comunhão, quando Ele decidir encerrar a vida dela na Terra. A outra pessoa pode ver Deus como um bicho-papão que julga, castiga, é irado e inclemente, e que a lançará no tormento e no sofrimento eterno se ela O desagradar. Essas duas pessoas, certamente, depositaram a fé em dois deuses muito diferentes — um, de amor; o outro, de medo.

Desenvolver o próprio conceito sobre um Poder Superior, positivo, que nos ama e apóia, é importante para descobrirmos a profunda felicidade interior que procuramos. Quando não depositamos a nossa fé nas pessoas e nas circunstâncias externas, e sim na nossa própria espiritualidade e união com o Poder Superior, descobrimos todos os elementos da felicidade dentro de nós.

Criamos uma série de imagens de um Poder Superior, mas o importante é que vejamos nosso Poder Superior como uma força de amor, piedosa, compreensiva, pacífica, terna e boa. O nosso Poder Superior é a força que nos cura e nos ajuda a crescer. Ele é a sabedoria que precisamos ter para nos guiar ao longo da vida.

A esperança

Leo Buscaglia escreveu em *Bus 9 to Paradise*: "O mundo é cheio de possibilidades e, enquanto elas existirem, haverá esperança." Só perdemos a esperança quando nos recusamos a enxergar as possibilidades. Por exemplo, perder o emprego não é o fim do mundo. Podemos procurar outro que seja parecido, tentar uma outra área profissional, voltar a estudar ou mudar para outro lugar onde existam mais oportunidades de emprego. Podemos tentar montar o nosso próprio negócio, vender artesanato ou oferecer algum serviço. As nossas opções são quase ilimitadas. A esperança faz com que a nossa mente confie que podemos fazer uma coisa diferente daquela que talvez tenhamos planejado, e que sempre existem outras possibilidades.

Optamos pela desesperança de muitas maneiras. Decidimos que será o fim do mundo se não conseguirmos algo específico que queremos. Recusamo-nos a tentar algo novo antes de realmente sabermos se isso vai dar certo ou não. Esperamos que o futuro seja igual ao passado, pressupondo que as coisas não podem ser diferentes. A melhor definição de esperança que já li foi escrita por George Bernard Shaw e ficou famosa num discurso de Robert Kennedy: "Algumas pessoas vêem as coisas como são e se perguntam 'Por quê?'. Sonhei coisas que jamais aconteceram e perguntei 'Por que não?'."

A esperança é essa parte dentro de nós que nunca desiste, que *sabe* que ficaremos bem, com absoluta certeza e confiança. É a parte de nós que diz: *Posso estar atravessando um túnel escuro agora, mas sei que há uma luz no final, mesmo que ainda eu não possa vê-la.*

A esperança é essencial para os seres humanos. É uma maravilhosa dádiva que temos à nossa disposição, o tempo todo. É o que nos mantém vivos. Quando acreditamos no nosso futuro, no futuro dos outros e no do mundo, podemos enfrentar o presente com coragem e alegria. Mesmo que só consigamos ter esperança de que teremos um dia bom *hoje*, isso já é suficiente. Amanhã teremos esperança novamente de termos outro bom dia. O mundo é, de fato, cheio de possibilidades.

A tranqüilidade

Palavras como *tranqüilidade* e *serenidade* podem ser bonitas, mas o que realmente significam? Significam equilíbrio, paz e calma. Significam a ausência de conflito, de medo e de preocupação. Significam encontrar aquele lugar de descanso dentro de nós onde todas as preocupações, frustrações e problemas graves da vida nada significam.

Num maravilhoso livreto intitulado *The Majesty of Calmness*, William George Jordan escreveu: "A calma vem de dentro. Ela é a paz e a tranqüilidade que se encontram no íntimo de cada um. A fúria da tempestade e do vendaval agitam somente a superfície do mar... nas profundezas ele está calmo, totalmente sereno. Para estarmos preparados para as grandes crises da vida, devemos aprender a ter serenidade em nossa vida cotidiana. A calma é o ápice do autocontrole." Quando nos controlamos, sem reagir impulsivamente com raiva, medo ou desespero, damos à paz interior, natural em nós, uma chance de nos guiar.

REDEFINIÇÃO DE FELICIDADE

O autor Hugh Prather escreveu: "Felicidade é gentileza, paz, concentração, simplicidade, perdão, bom humor, ausência de medo, confiança, e ela deve ser vivida agora." Essa maravilhosa definição não se limita a dizer o que é felicidade e o sentimento que ela provoca, mas também onde e como atingi-la. Note que nenhum dos elementos descritos são condições externas a nós. Eles são os pontos de vista e as *escolhas* que todos podemos fazer.

Cultivamos a gentileza sendo gentis; paz de espírito, quando somos pacíficos; concentração, usando a mente para buscar o nosso bem-estar e felicidade. Descobrimos a simplicidade da vida simplificando nossos pensamentos, atitudes, convicções e estilos de vida. Sentimos a dádiva do perdão perdoando. Nosso coração fica iluminado quando encaramos a vida com bom humor. Perdemos o medo quando deixamos de nos esconder no medo e nos voltamos para o Poder Superior. Começamos a descobrir a confiança quando deixamos que o nosso Poder Superior atue em nossa vida. E a hora de fazer tudo isso é *agora*.

Se nos lembrarmos de ser gentis e tranqüilos, visando sempre a alegria e a satisfação, tendo pensamentos e desejos claros e descomplicados, perdoando aos outros e a nós mesmos, mantendo o bom humor, sem sentir medo de confiar no nosso Poder Superior e de ficar completamente presente no agora, seremos realmente felizes. E se estivermos felizes, sentiremos todas essas coisas.

A OPÇÃO PELA FELICIDADE

Ao longo deste livro, vamos examinar as nossas convicções de maneira *pragmática*. Em outras palavras, vamos nos perguntar que *efeitos* as nossas opiniões exercem sobre nós, sobre os outros e sobre o mundo. Se as nossas convicções não estiverem surtindo um efeito positivo sobre a nossa maneira de enxergar e viver a vida, podemos mudá-las. Podemos nos lembrar da definição de felicidade de Hugh Prather e desenvolver um novo sistema de crenças.

Quando temos fé numa força positiva, amorosa ou divina, podemos acreditar que a vida é boa, apesar dos transtornos do dia-a-dia. Quando nos concentramos na paz e não no conflito, na gentileza e não na agressividade, na alegria e não no sofrimento, no amor e não no medo, descobrimos a paz, a gentileza, a alegria e o amor que sempre estiveram dentro de nós, todo o tempo. Podemos optar pela felicidade.

Vamos agora definir a felicidade como o maior bem-estar que podemos sentir. Vamos nos ater a esse novo conceito de felicidade à medida que enfrentamos os desafios da vida cotidiana. *Primeiro, seja feliz.* Deixe a sua felicidade interior natural guiar as suas escolhas. Depois, cuide dos seus afazeres diários e enfrente o que quer que aconteça. Procure atingir os seus objetivos, mas lembre-se de que eles, por si só, não o tornarão feliz e que, mesmo que eles não se concretizem, *você continuará bem*. Deixe a verdadeira felicidade brotar de dentro de você e se colocar no seu lugar de direito, ou seja, no centro da sua vida.

Exercícios

Exercício Um

Escreva a sua própria história de felicidade. Examine as suas convicções e as atitudes que você toma para sentir bem-estar e felicidade. Agora veja como as suas opiniões e atitudes mudaram com os anos. Como você gostaria de mudá-las agora para que ficasse mais fácil sentir mais bem-estar e felicidade?

Exercício Dois

Jogue o "Jogo da alegria". Esse era o jogo que Poliana jogava para descobrir em qualquer coisa algo com que se alegrar. Descubra algo positivo, ainda que pequeno, em cada fato, relacionamento, situação e pessoa que faz parte da sua vida. Jogue esse jogo todos os dias, várias vezes por dia, até que você passe a fazer isso naturalmente.

Exercício Três

Sinta a felicidade. Defina claramente o que a felicidade é para você. Não o que você acredita que precisa ter para conquistá-la, mas qual é o *sentimento* que você acha que sentiria. Feche os olhos e descubra o lugar, no fundo de você, onde esse sentimento reside. Vá para esse lugar e sinta a felicidade — amor, paz, gentileza, alegria, confiança, esperança e ausência de medo — preenchendo você por dentro. Tente se lembrar desse sentimento em vários lugares e situações. Descubra que você pode sentir essa satisfação tranqüila no momento e no lugar que quiser.

Capítulo Três

A Nossa Identidade

Toda decisão que você toma é fruto do que você acha que é, e corresponde ao valor que você atribui a si mesmo.

— A Course in Miracles

Nossa identidade pessoal e a imagem que temos de nós mesmos afetam tudo o que pensamos, sentimos e fazemos. O que acreditamos ser é a base das perspectivas que temos de tudo. Se nos vemos como simples corpos e mentes conscientes, provavelmente continuaremos infelizes buscando a perfeição nessas áreas. Se vemos a nós mesmos como pessoas incapazes de amar, de ficar em paz, de ser alegres, solidárias e piedosas, não conseguiremos ver as possibilidades de vir a ter esses sentimentos.

Os seres humanos debatem-se com a questão da identidade desde o início dos tempos. Voltamo-nos para a filosofia, para a religião e para a ciência buscando as respostas, e para as inúmeras teorias, conceitos e possibilidades que elas apresentam. Mas sempre nos desiludimos e até mesmo ficamos com raiva quando essas respostas provam ser imperfeitas ou incompletas. A verdade é que, até este ponto da história da humanidade, ainda não sabemos o significado da vida com absoluta certeza.

Todos queremos respostas, claras e simples, sobre nós mesmos e sobre o mundo. Mas assim como ninguém pode controlar tudo, ninguém pode saber de tudo. Uma vez que aceitemos tal fato, poderemos conviver com essa limitação e ser felizes. Não temos de ter todas as respostas e, além do mais, *não é possível ter todas as respostas*. Reconhecer esse fato nos deixa livres para aceitar abertamente as verdades que já foram sussurradas em nosso coração. Entender o que nos confunde pode ser o primeiro passo para deixarmos para trás as antigas convicções e atitudes que são a causa do nosso fracasso.

Quando desistirmos de tentar encontrar provas irrefutáveis sobre as verdades absolutas, poderemos começar a aceitar algumas idéias que nos guiem, ajudem e confortem. Uma vez que aceitemos que sempre haverá perguntas sem respostas, poderemos escolher a opinião que temos sobre o que significa sermos humanos, se ela for para melhorar a nossa vida e o sentimento de solidariedade que temos com relação aos outros. Poderemos optar por ver a vida e a nós mesmos de uma maneira que nos ajude a ter uma vida melhor, mais saudável e feliz.

A "verdade" sempre é feita das nossas próprias concepções. Tendo ou não consciência disso, estamos sempre escolhendo a maneira de formar um conceito ou opinião, de agir e de nos comportar. Quando começamos a fazer essas escolhas conscientemente, aprendemos a evitar o que nos causa infelicidade e provoca o nosso fracasso. Podemos, de maneira pragmática, escolher as crenças que nos ajudam, em vez daquelas que nos prejudicam.

Homem ou borboleta?

Uma antiga lenda chinesa conta a história de um homem que sonhou ser uma borboleta. Foi o sonho mais lindo que se pode imaginar. Ele voava pelo ar, atravessava a luz e vivia em liberdade. Sentia-se eufórico de tanta felicidade. Tudo nesse sonho era belo, cheio de paz e alegria. De acordo com a lenda, quando o homem despertou do sonho, ele nunca mais teve certeza se era realmente um homem que sonhara ser uma borboleta ou se era uma borboleta que estava sonhando ser um homem.

Essa história demonstra como o ser humano é dividido. Não temos certeza da nossa identidade — somos corpo, mente, emoções ou espírito? Somos naturalmente afetuosos, pacíficos, felizes, irados, medrosos, agressivos ou solidários? Todas essas coisas, e outras mais, parecem fazer parte do ser humano, mas alguns desses sentimentos são mais fortes do que outros — eles falam mais alto. É difícil ignorar o sentimento de raiva dentro de nós e é fácil deixar de ouvir a voz tranqüila da paz, da suavidade e do amor. Mas isso não significa que o nosso lado afetuoso não esteja ali.

Para simplificar toda essa imagem confusa, voltemos à lenda do homem-borboleta. Vamos lembrar todos esses sentimentos, pensamentos, convicções e atitudes tumultuadas de nosso *ego*. Essa é a nossa parte "homem" — medrosa, defensiva, raivosa e preocupada. Essa parte de nós sente grande necessidade e ânsia de sobreviver e ter prazer e, de fato, não sente mais nada. Em seu livro *Goodbye to Guilt*, Jerry Jampolsky define o ego como "o nosso corpo/personalidade, ou eu inferior".

Porém, dentro de cada um de nós também vive um eu superior, uma *borboleta*: um espírito que é puro amor, paz e alegria; que não é afetado por nada do mundo exterior. Essa parte de nós é tranqüila, suave, pacífica, piedosa, receptiva e destemida. De Platão a Spinoza e a Thornton Wilder, os seres humanos sempre demonstraram ter um sentimento que, de alguma forma, é eterno. Essa borboleta, ou *espírito*, é a nossa parte eterna, a parte que é livre das tarefas e das preocupações mundanas e está ligada ao Poder Superior e ao espírito de todas as outras pessoas.

Ego ou espírito?

No primeiro capítulo, eu disse que sempre existe outra maneira de encarar as coisas e que optamos pela infelicidade quando nos prendemos a um ponto de vista. Como as situações sempre parecem ser complexas, existem na verdade só duas maneiras de olhar para tudo — do ponto de vista do ego ou do ponto de vista do espírito.

O autor Hugh Prather escreveu sobre o "eu feliz" e o "eu infeliz". M. Scott Peck escreveu: "Todos nós temos um eu doente e um eu saudável." Eu uso as palavras "ego" e "espírito" para essas duas partes que temos. Uma é doente, infeliz, autodestrutiva e baseia-se na idéia de que nossa mente, nosso corpo e nossa personalidade são coisas separadas. A outra é saudável, feliz, positiva e baseia-se no conhecimento de que fazemos parte de um todo harmonioso que abrange todos os outros seres humanos e Deus.

Sempre que alguma coisa parece nos fazer infeliz, podemos lembrar de perguntar de que ponto de vista estamos fazendo nossas escolhas. O ponto de vista do nosso ego será facilmente reconhecido se percebermos que sentimos medo, desânimo, raiva ou um forte desejo de estarmos certos de provar que alguém está errado. Por outro lado, o ponto de vista do nosso espírito é sempre calmo, afetuoso, receptivo, gentil, pacífico e destemido.

Em todas as situações, fazemos uma escolha entre o ponto de vista do ego (homem) ou do espírito (borboleta). Não existe outro ponto de vista. Mas essa divisão interior pode ser vencida, permitindo que a parte afetuosa e pacífica dentro de nós guie e ajude a nossa parte receosa e derrotista. O nosso espírito pode levar nosso ego a ter um comportamento sensato, amoroso e feliz. Por isso, precisamos usar a mente como uma ligação entre o ego e o espírito.

O USO DA MENTE

John Milton escreveu: "A mente é independente e ela, sozinha, pode criar o céu ou o inferno." A mente escolhe com que ponto de vista enxergar — o do ego ou o do espírito. Ela pode insistir em viver no inferno, com medo e com pensamentos de raiva, ou no céu, com pensamentos de amor e de paz. Mas nós podemos escolher o modo como usar nossa mente.

Por exemplo, se alguém nos diz algo indelicado o nosso ego irá, provavelmente, ver isso como um ataque do qual precisa se defender. Ele nos encherá de raiva, hostilidade e medo, e nos deixará prontos para atacar a outra pessoa verbalmente ou de outra maneira. Mas, se compreendermos o nosso ego e o seu ponto de vista amedrontado e defensivo, enxergaremos a situação de outra maneira — com os olhos do nosso espírito. A nossa mente pode ver sob a perspectiva amorosa, piedosa e compreensiva do espírito, e isso ajudará o ego a se acalmar e a moderar a sua reação.

Como somos ego e espírito, nem sempre podemos agir de forma perfeitamente amorosa. Mas podemos ter controle sobre nossas ações, antes que o ego tome a frente e cause algum mal. Se já tivermos causado algum dano, mesmo assim ainda podemos adotar a perspectiva do espírito depois de nos acalmarmos e, então, consertar as coisas de maneira apropriada.

Quando ficamos mais acostumados a nos ver reagindo de acordo com o ego ou com o espírito, aprendemos a reconhecer mais depressa os sentimentos e as reações do ego e deixamos o espírito assumir com mais rapidez o controle da situação. Os nossos sentimentos e atitudes infelizes e autodestrutivos tornam-se menos intensos e duram menos tempo.

Simplificar nossa maneira de ver nossas reações, convicções, sentimentos e atitudes, verificando se eles partem do ego ou do espírito, nos ajuda a nos aceitar e a melhorar a nossa vida. Não temos de ficar zangados ou impacientes conosco. Isso seria somente o ego lutando contra si mesmo. Em vez disso, podemos aceitar que temos essas duas partes ou pontos de vista dentro de nós e aprender a usá-las para produzir os melhores resultados.

O NOSSO EGO

Em sua peça teatral *Our Town*, Thornton Wilder escreveu: "Sempre que você se aproxima da raça humana, verifica que existe muito pouco bom senso nas coisas." O ego é a parte de nós que cria essa falta de bom senso. A natureza do ego não é *má*; contudo, ela tem algumas capacidades, limitações e um ponto de vista específico. A nossa meta não é destruir o ego, mesmo que isso fosse possível. Em vez disso, podemos aprender a compreendê-lo, aceitá-lo e usá-lo para conseguirmos bem-estar maior.

O ego pode ser visto como um nível de consciência que contém muito do que pensamos ser, incluindo o nosso corpo e a nossa personalidade. Ele está convencido de que *é* nós, completo em si mesmo. Ele interpreta tudo de maneira equivocada, provocando em nós comportamentos e opiniões autodestrutivos. Ele nos convence de que pode nos salvar e nos fazer felizes, mas nunca cumpre sua promessa.

O ego é a parte de nós que sempre precisa estar com a razão e ter a última palavra. Ele dá mais importância ao conflito e sente-se sempre ameaçado. As suas únicas formas de comunicação são o ataque e a defesa. Mas ele sempre disfarça isso com elaboradas racionalizações e justificativas. Ele nega, mente, trapaceia, confunde, magoa, culpa, odeia e sente medo. Durante todo o tempo, ele tem certeza de que está agindo somente com a melhor das intenções.

OS JOGOS DO EGO

O primeiro passo para aprendermos a pensar e a agir sob o ponto de vista do espírito é reconhecer as características do ego. Já falamos sobre o medo, a raiva, o comportamento defensivo e a falta de esperança. Mas o ego também nos engana de muitas formas para persuadir-nos a seguir a sua má orientação. Quando aprendemos a reconhecer essas características, podemos começar a evitá-las.

A negação

Um dos jogos favoritos do ego é a negação. Ele nos persuade a permanecer alheios aos verdadeiros riscos que corremos e aos erros que cometemos, pois encará-los significaria reavaliar as nossas escolhas a partir de outro ponto de vista. O ego tende a ver qualquer outro ponto de vista como um inimigo — até mesmo o ponto de vista afetuoso e pacífico do espírito. O ego pensa que a realidade irá destruí-lo. Se nos recusarmos a ver a realidade à nossa volta, acreditaremos em qualquer coisa que ele nos apresente.

A racionalização

Os seres humanos podem fazer com que simplesmente qualquer coisa pareça ter sentido, se se esforçarem o bastante para isso. Podem justificar quase todas as suas atitudes com "bons" motivos. Essa é a maneira que o ego tem de nos impedir de ver um erro em seu ponto de vista básico. A racionalização usa o raciocínio para nos fazer acreditar em justificativas aparentemente sensatas e em "motivos" para tomarmos atitudes autodestrutivas, nocivas ou para termos convicções e comportamentos que nos deixam infelizes.

A culpa

O ego sempre encontra alguém ou alguma circunstância em que pôr a culpa pela nossa infelicidade e por nossos erros. Ele sempre vê as pessoas como certas ou erradas — e ele sempre precisa estar certo. Nós nos negamos a aceitar que não temos poder sobre os outros, que somos responsáveis por nós mesmos e, por isso, achamos que todos os nossos fracassos e problemas são causados por forças terríveis que trabalham contra nós. Ficamos presos à raiva e à autocomiseração, em vez de deixarmos de lado o passado, as outras pessoas e as circunstâncias incontroláveis.

A competitividade

Como o ego vê todas as pessoas como se fossem inimigas, ele nunca consegue aceitar o sucesso alheio ou se alegrar com ele. Só se sente bem consigo mesmo se, de alguma forma, sentir-se melhor que os outros. Mas esse sentimento é falso e passageiro — porque alguém *sempre* é melhor do que nós, de alguma maneira. O ego nunca aceita isso, e então continua a fazer com que nos sintamos mal por não sermos os melhores em tudo, o tempo todo.

A forte sensação de perda do ego diz: "Se você está tendo sucesso ou atingindo mais objetivos do que eu, é porque está pegando algo que é *meu*." Portanto, ele precisa sempre competir por tudo que é bom, pois não consegue entender o que é compartilhar e nem acreditar que existam coisas boas e suficientes ao redor dele.

A complicação

As respostas simples, claras e até mesmo óbvias não interessam ao ego. O ego pode ser comparado a um cão que corre eternamente atrás do rabo: ele pode nos manter presos numa luta eterna, em vez de encarar uma simples verdade. Ele nos convence de que tudo é complexo e difícil, em vez de aceitar soluções simples e um ponto de vista positivo, amoroso, receptivo e piedoso.

O ego diz: *Mesmo que a paz, o amor e a alegria sejam possíveis de se conquistar, eles devem ser maçantes!* Para o nosso ego, a complicação e o *stress* fazem nos sentir mais vivos do que a simplicidade e a paz. E, assim, ele evita a alegria do amor, da paz e da solidariedade.

A projeção

A projeção acontece quando nos recusamos a ver os nossos próprios pensamentos, convicções, propósitos, erros ou atitudes, mas enxergamos os dos outros. Isso nos permite evitar a responsabilidade sobre nossos próprios atos e não enxergar os nossos sentimentos e reações sob outra perspectiva. Trata-se de um ponto de vista que culpa e se defende, além de evitar que encaremos de frente as nossas suposições erradas e enganos. Jerry Jampolsky define a projeção como "um mecanismo que afirma: 'o inimigo está fora de nós'". Na realidade, o inimigo — o que está nos ferindo — é o ego dentro de nós mesmos.

A fixação

Fixação é a convicção básica de que temos que ter certas condições para poder ser felizes. O ego tem certeza de que a felicidade se encontra fora de nós. A principal característica desse aspecto do ego é que ele *nunca está satisfeito*. Seja qual for a fixação do ego, ela nunca é suficiente. Sempre haverá alguma coisa melhor, amanhã, no dia seguinte e no próximo. As fixações do ego são muitas, sempre mudam e geralmente são conflitantes.

A transferência

Transferência é o termo usado na psicoterapia para definir a atitude de reagir aos relacionamentos e às situações do presente como se fossem iguais aos do passado. O ego nos convence de que o passado prediz com exatidão o futuro, e por isso deixamos de ficar totalmente no presente e de aceitar as possibilidades reais do aqui e do agora. Vemos o presente através de uma névoa de antigos equívocos e julgamentos. Cometemos os mesmos erros, repetidamente, sem notar que estamos agindo assim. Ficamos presos aos erros do passado, incapazes de ver as oportunidades e responsabilidades do presente. A nossa verdadeira identidade de seres espirituais só pode ser encontrada no presente, por isso o nosso ego evita encarar essa realidade, fixando-se no passado.

O corpo corresponde ao eu

O ego não quer reconhecer que somos algo mais do que *ele*. Ele se sente ameaçado e não aceita o fato de que pode viver em paz, feliz e em união com o espírito. Quando começamos a acordar para a espiritualidade, geralmente sentimos medo e tentamos esquecer essa revelação. Ele usa o sofrimento, a doença, a fome ou o sexo para nos convencer de que não somos nada mais do que meros corpos. Ele encontrará maneiras de nos lembrar de que somos fisicamente separados uns dos outros, impedindo-nos de compreender que estamos ligados à espiritualidade e ao nosso Poder Superior.

O medo

O medo é a marca registrada e a característica básica do nosso ego. Ele tem medo de tudo, vê ameaça em todos os lugares. Ele nos mantém presos, preocupados com o futuro. Esse medo pode nos imobilizar, impedir o nosso crescimento e atingir qualquer aspecto da nossa vida. Ele nos impede de amar, de sentir paz, alegria e serenidade. Também nos mantém afastados das outras pessoas e da nossa melhor parte. O ego, erroneamente, acredita que está nos protegendo, ajudando, cuidando de nós. Porém, ele é o maior obstáculo entre nós e o verdadeiro sucesso e felicidade.

*

O nosso ego nunca mudará. Ele é como uma criança incapaz de crescer. Esse é o motivo por que em geral reagimos e nos comportamos de forma autodestrutiva, mesmo muito depois de sentir que sabemos mais do que isso. Mas o ego não tem de nos dominar. Podemos aprender a reconhecer o tormento, os enganos, o medo e o sofrimento dele. Podemos aprender a optar pelo amor e não pelo medo, pela alegria e não pela dor.

O NOSSO ESPÍRITO

O nosso espírito é o extremo oposto do ego em vários sentidos. Ele é incapaz de manifestar raiva, dor, preocupação, medo ou pesar. Ele nunca se sente ameaçado por nada, pois tem absoluta certeza de que é invulnerável. Sabe que é eterno, que faz parte de um todo, juntamente com todos os outros espíritos, e que está ligado a um Poder Superior.

O nosso espírito só é capaz de manifestar amor e alegria ilimitados. Para ele não interessa quem está certo ou errado. Ele não entra em conflito. Para ele, a paz, o amor e o compartilhar estão acima de qualquer coisa. O espírito reconhece a infinita plenitude do Universo e que ela está sempre ao alcance de todos nós. Ele só tem a oferecer amor incondicional, aceitação e perdão. Ele é pura alegria, generosidade, satisfação, gentileza e sempre sabe quais são, realmente, os nossos verdadeiros interesses.

O ESPÍRITO DOS OUTROS

Reconhecer nossa espiritualidade pode transformar a imagem que temos de nós mesmos, o nosso comportamento e a nossa vida. Da mesma forma, reconhecer o espírito nas outras pessoas pode transformar as nossas perspectivas e todos os nossos relacionamentos. Mas, às vezes, é difícil ver a parte boa e espiritual de outra pessoa, especialmente quando ela cometeu erros ou teve uma atitude insensível e egocêntrica.

Podemos começar reconhecendo que todos têm um ego que sempre tem medo e que age de acordo com as próprias convicções negativas. Podemos analisar e compreender assim as atitudes que os outros têm: *Veja o que o* ego *deles fez*, em vez de censurar mentalmente: *Veja o que* eles *fizeram*. Se esperarmos um pouco para deixarmos a reação inicial do nosso ego passar e enxergarmos as reações do ego das outras pessoas, poderemos nos relacionar com elas com mais paz e felicidade. Isso pode nos ajudar a parar de definir as pessoas de acordo com o ego que elas têm, para podermos então começar a tolerar e perdoar as suas falhas e seus erros. Depois, em vez de procurarmos o que julgar *bom* nelas (o que às vezes pode ser muito difícil de encontrar), podemos simplesmente *saber* que elas também têm dentro de si um espírito perfeito e de amor — mesmo que não possamos enxergá-lo, por estar oculto pela série de atitudes sem sentido do ego.

O DESENVOLVIMENTO ESPIRITUAL

Eu não acredito, de maneira alguma, que o nosso espírito precise se desenvolver ou evoluir. Acho que ele já é perfeito. O que o desenvolvimento ou evolução espiritual significa para mim é que nós, seres humanos, temos que aprender a ter consciência desse nosso aspecto espiritual e conhecê-lo. Precisamos aprender a enxergar o seu ponto de vista e a ouvir as suas orientações. Então aprenderemos a estender as suas qualidades para a nossa vida pessoal e para o mundo. Dessa maneira o nosso espírito se desenvolve, quer dizer, expande-se, entra em contato com o espírito dos outros e cresce junto com eles.

Cada dia, situação ou relacionamento dá oportunidade para aceitarmos os pontos de vista e orientações do nosso espírito. Em todos os lugares, existe a possibilidade de estendermos a nossa melhor parte espiritual para o mundo. Não importa quem sejamos ou que circunstância em particular vivamos, pois mesmo assim podemos descobrir o poder e a paz da nossa espiritualidade.

Temos que dar o tempo necessário para o desenvolvimento espiritual e não ficar impacientes. Não há fim para as maravilhosas descobertas que podemos fazer nessa jornada. Mas temos que permitir que elas se revelem no seu devido tempo. Pode levar muitos meses, ou mesmo anos, até que possamos ver que ultrapassamos o ponto crítico da evolução espiritual. Como o livro de meditação *God Calling* nos lembra: "Quando escala uma montanha íngreme, o homem geralmente fica mais preocupado com a possibilidade de dar um passo em falso do que em apreciar a paisagem, o esplendor do local ou até mesmo o progresso que está fazendo, montanha acima." A fé, a esperança e a perseverança garantem nosso contínuo crescimento espiritual.

A NOSSA VERDADE INTERIOR

Como o ego é muito ruidoso e exigente, ele em geral obscurece a consciência da nossa espiritualidade. Mas como nunca podemos sentir a verdadeira felicidade através do nosso ego, ficamos bastante insatisfeitos até nos voltarmos para o espírito. Quando temos um conflito interior, esse conflito se reflete na nossa vida. É uma espécie de traição colocarmos o centro da nossa energia pessoal fora do verdadeiro eu, assim como fazemos quando nos definimos como nosso ego. Quando vamos contra a nossa própria verdade interior ficamos doentes, cansados e infelizes.

Cada um de nós deve viver a sua própria espiritualidade. Ler, pensar, falar ou escrever sobre ela não nos faz *vivê-la*. Essas coisas podem nos ajudar a ir na direção necessária para aceitar a espiritualidade, mas no fim temos que nos voltar para dentro de nós mesmos.

Bem lá no fundo, todos sabemos que somos seres espirituais. Enquanto ignorarmos essa parte de nós mesmos, nos sentiremos corroídos por dentro, como que nos lembrando vagamente das coisas que queremos e que mal sabemos quais são. Sentiremos uma espécie de saudade do nosso espírito sempre que vermos algo de grande beleza ou vivermos momentos de amor incondicional. Teremos alguns instantes de inspiração ou perfeita paz se *soubermos* que somos algo mais que nosso ego.

Surge uma sensação de familiaridade, de *ir para casa*, quando se descobre — ou se *re*descobre — a espiritualidade. É como ouvir uma antiga canção e de repente lembrar onde e com quem estava quando a ouviu pela primeira vez, e as coisas que sentia naquela época. Pense numa antiga canção de amor que o faça se lembrar de alguém especial que você conheceu. Como reconhecer a nossa espiritualidade é muito mais poderoso, belo e emocionante do que essas deliciosas recordações!

Só quando redescobrirmos o nosso espírito e começarmos a deixá-lo se desenvolver em nossa consciência poderemos sentir o nosso corpo, nossa mente e nosso espírito convivendo em paz, com harmonia e equilíbrio. Para alguns de nós, isso começa quando vivemos uma experiência transformadora — um despertar espiritual.

O despertar espiritual

Em *The Varieties of Religious Experience**, William James identifica as seguintes características da experiência espiritual:

- Ela não pode ser descrita; ela deve ser vivida para ser compreendida.
- Ela trás um sentimento de certeza, de conhecimento ou profunda revelação da verdade inatingível, através de meios sensoriais ou intelectuais comuns.

---

* *As Variedades da Experiência Religiosa*, publicado pela Editora Cultrix, São Paulo, 1991.

- Ela não dura muito tempo.

- Sentimos como se essa experiência não dependesse da nossa vontade ou de nosso controle; ela dá a sensação de uma presença ou poder superiores.

- Ela é uma experiência profunda e inesquecível, que deixa marcada a sua importância.

- Ela muda a vida interior da pessoa que entra em contato com ela.

- Ela muda o comportamento, os objetivos, a personalidade e a visão de mundo que a pessoa que passa por ela tem.

Todos nós já tivemos alguma experiência espiritual, com intensidade e efeitos variados. O *déjà vu*, a inspiração criativa, o conhecimento intuitivo e o amor profundo são experiências cotidianas da nossa espiritualidade. As intensas e até mesmo esmagadoras sensações de espanto e prazer diante da beleza da natureza; o reconhecimento e a compreensão inesperados e repentinos; as sensações momentâneas de unidade com a humanidade e o Universo — todas essas experiências são espirituais.

Mas essas experiências comuns não nos afetam, necessariamente, de maneira drástica ou duradoura. Elas podem ser vistas como revelações ou rápidas previsões de um despertar espiritual mais profundo e transformador. Para alguns de nós, uma experiência profundamente dolorosa — uma espécie de "golpe baixo" — concede a abertura necessária para entrarmos em contato com o verdadeiro despertar espiritual.

A história de Linda

Linda diz que era uma "garota rebelde" nos anos de juventude:
— Eu me voltei para o álcool e para as drogas para aliviar a tensão — ela explica. — Eu tinha realmente pouca auto-estima e recorria ao

álcool, à maconha, ao LSD e a anfetaminas para me sentir melhor. Andava com um pessoal bem barra-pesada, ia a festas o tempo todo e as minhas notas na escola caíram muito. Eu simplesmente não ligava para nada.

Com dezessete anos, Linda foi parar no hospital com traumatismo craniano. Ela tinha saído, se embebedado, tomado drogas com os amigos a noite toda e acabou sofrendo um acidente de carro. Quando soube que ia ter de sofrer uma cirurgia, tudo em que Linda conseguia pensar era na perspectiva de ter os lindos cabelos compridos raspados: — Eu não me achava nada bonita — ela lembra —, mas achava que meus cabelos eram o que eu tinha de mais bonito. Chorei só em pensar que ia perder a única parte do meu corpo de que eu gostava. Havia uma grande possibilidade de eu ficar epiléptica pelo resto da vida ou até mesmo de morrer. Mas isso nem passava pela minha cabeça. Eu só me importava com os meus cabelos.

Depois de passar três dias no hospital e de fazer uma série de exames e radiografias, a cirurgia de Linda foi marcada. Na noite que antecedeu a operação, Linda viveu a experiência que chamou de "conversão". Sozinha em seu quarto, ela se sentiu flutuando fora do corpo:

— Era uma sensação muito agradável e eu sentia muita paz — ela disse. — Era como se eu estivesse apoiada no teto. Às vezes eu ficava sobre o televisor, que ficava no alto da parede. Era totalmente diferente de qualquer coisa que já sentira, até mesmo com as drogas. Olhei para mim mesma lá embaixo na cama e senti, com muita intensidade, uma voz dentro de mim. Ela me disse que eu podia ir embora ou ficar, mas que se ficasse eu não poderia mais ser como era antes. Senti que me disseram que eu tinha certas habilidades e que tinha que começar a usá-las, ou não continuaria viva.

— Senti que tudo ficaria muito bem se eu tivesse morrido; senti com toda a força que não há nada a temer na morte. Mas eu também senti que estavam me dando a chance de mudar e de dar um sentido à minha vida. Estavam me dando uma oportunidade clara, que eu não sabia que estava ao meu alcance até aquele momento. Fui submetida à cirurgia no dia seguinte, e os médicos acharam coágulos de sangue no meu cérebro que não tinham aparecido nos exames. Eles diziam o tempo todo que não podiam acreditar que eu estivesse viva. Mas eu sabia que tinha optado por viver.

Linda passou várias semanas no hospital:

— Mesmo com os cabelos raspados, com aquela coisa cor de iodo em todo um lado da minha cabeça e curativos em tudo que é lugar, não me sentia nem um pouco feia. Lembro-me de que os meus amigos foram me visitar, viram-me daquele jeito e que, mesmo assim, eu me sentia completamente em paz e satisfeita, mesmo tendo perdido os cabelos. Isso não tinha mais a menor importância.

Linda disse que nunca sentiu necessidade de contar aos outros sobre a experiência que tivera, de pedir a opinião deles sobre ela ou de prová-la a ninguém.

— Eu simplesmente *sabia* o que tinha acontecido e não estava interessada que ninguém soubesse, que acreditasse em mim ou que entendesse o que eu vivera. Eu simplesmente não tinha dúvida.

Juntamente com a certeza do que tinha acontecido, Linda também conta que isso lhe deu uma "grande determinação" pelo resto da vida.

— Essa experiência me deu uma forte sensação de que Deus estava em mim — de que qualquer talento criativo que eu tivesse era parte desse Deus dentro de mim e que eu tinha a responsabilidade de usá-lo.

Algumas pessoas podem não acreditar nessa história e outras podem achar que Linda teve alucinações causadas pelas drogas ou pelos ferimentos sofridos no acidente. Se histórias como essa são uma prova da existência de Deus ou da espiritualidade humana, cabe a cada um decidir por si. Mas, do ponto de vista simplesmente pragmático, o valor desse tipo de experiência não pode ser negado. Linda deixou de ser "rebelde", parou de consumir drogas e álcool e conseguiu notas altas para terminar os estudos. Ela descobriu e desenvolveu os seus talentos e habilidades e construiu uma carreira bem-sucedida, ajudando os outros. Ela agora diz:

— Ei *sei* que aquele traumatismo craniano salvou a minha vida. Quando a vida nos concede experiências inspiradoras e transformadoras, não temos de ter nenhuma prova documentada do que as causou ou do que elas significam. Podemos ouvir os nossos próprios corações e simplesmente aceitá-las como dádivas de Deus, da energia positiva do Universo ou do nosso eu mais elevado.

LIVRE DAS TREVAS

Como o homem que sonhou que era uma borboleta, uma vez que acordamos para a espiritualidade, nunca mais teremos muita certeza de sermos simples ego. Depois que uma janela se abrir para a luz do nosso eu espiritual, as trevas da nossa mente nunca mais serão tão escuras.

Para a maioria de nós, ir ao encontro da verdadeira identidade espiritual não é algo que acontece de repente. Temos que persistir, estar abertos para ela e tirar proveito de todas as oportunidades que tivermos para o nosso desenvolvimento espiritual. Fazemos isso com muita paciência, prestando atenção à lição que cada momento traz. Fazemos isso aceitando onde estamos exatamente agora, hoje, sem ansiedade sobre onde estivemos ou para onde estamos indo.

Podemos nos ajudar a entrar em contato com a nossa espiritualidade por meio da prece, da meditação e "agindo como se já tivéssemos entrado em contato com ela — tentando descobrir a parte afetuosa de nós mesmos agindo de forma afetuosa. Podemos reconhecer o nosso ego e espírito através de suas manifestações em nossos pensamentos, em nossas ações e na nossa vida. Podemos usar a mente para escolher o ponto de vista do espírito.

A nossa profunda felicidade interior e a habilidade para enfrentarmos todos os problemas e experiências da vida humana dependem de reconhecermos a nossa verdadeira identidade espiritual. Somos muito mais do que corpo, vontades, erros e atitudes. Somos capazes de viver espiritual, amorosa e pacificamente e de sermos felizes — mesmo num mundo como este. Tudo o que temos de fazer é mudar a nossa maneira de pensar.

Exercícios

Exercício Um

Jogos para identificar o ego. Leia a lista de jogos do ego, neste capítulo (negação, racionalização, culpa, competitividade, complicação, projeção, fixação, transferência, o corpo corresponde ao eu e medo). Escolha um que lhe pareça mais eficaz. Descubra exemplos específicos desse jogo na sua maneira de agir e de se comportar.

Exercício Dois

Uma visualização. Imagine que você está sozinho num belo aposento. Esse aposento é a sua própria mente. Nele há duas janelas: por uma você enxerga o mundo do ponto de vista do ego e pela outra você olha com os olhos do espírito. Lembre-se de que o ego vê somente através do medo, da raiva, da culpa e da separação; o espírito vê somente através do amor, da paz, da alegria e da unidade.

Agora, pense sobre um certo relacionamento ou problema que você está tendo. Olhe para ele primeiro pela janela do ego. Simplesmente observe o ponto de vista do ego. Depois, saia dessa janela e olhe pela janela do espírito. Veja o problema de uma maneira nova. Veja na situação amor, paz, alegria, perdão, cura e união. Lembre-se de que a sua mente tem sempre o poder de se afastar da janela do ego e olhar pela janela do espírito.

Capítulo Quatro

Os Relacionamentos

> *Em nenhum outro lugar a felicidade é procurada com tanta constância e destroçada com mais freqüência do que nos relacionamentos, e mesmo assim continuamos a vê-los como a melhor forma de evitar a imensa dor provocada pela solidão.*
>
> — Hugh Prather

Os relacionamentos são uma parte importante de toda a nossa vida. Mas eles também podem ser a parte mais problemática. Muitos dos nossos problemas de relacionamento são conseqüência do controle exercido pelo ego, da vontade de nos protegermos ou das expectativas que temos e do que pensamos sobre os outros. Esperamos que os relacionamentos nos tragam felicidade e que preencham todas as nossas necessidades. Não queremos ter que cultivar os nossos relacionamentos, desenvolver a nossa compreensão e habilidade para nos comunicar, nos comprometer e aceitar os outros como são.

IMPRESSIONA E FOGE

No que diz respeito aos relacionamentos, Mark é do tipo que "impressiona e foge". Ele diz:

— Eu entro num lugar, dou uma olhada nas pessoas que estão ali, no que está acontecendo, causo algum tipo de impressão forte em todos e depois digo: "Bem, tenho que ir, até qualquer hora, tchau!"

e dou o fora. Todo mundo fica se perguntando: "O que aconteceu? Quem é ele?" e, quando volto lá, faço a mesma coisa. Assim, estou sempre *quase* me relacionando com todo mundo. Depois, assim espero, posso escolher a pessoa com quem quero me envolver.

Mark diz que age assim para evitar se ferir:

— Quero ver as cartas que a pessoa tem na mão antes de entrar no jogo — ele diz. — A menos que eu tenha certeza de poder investir numa relação, não quero dar à pessoa as armas com que ela pode me atacar.

Porém, Mark descobriu que essa tentativa de se proteger invariavelmente prejudica a ele mesmo ou aos outros:

— Eu magoei muitas pessoas ao ser *quase* amigo delas; ou seja, eu agia de maneira amigável mas não como um verdadeiro amigo — ele diz. — Esse tipo de coisa causa muito transtorno e sofrimento. Temos que ter muita responsabilidade com os nossos relacionamentos.

Nós freqüentemente tentamos evitar assumir nossa responsabilidade nos relacionamentos nos convencendo de que não estamos envolvidos. Sentimos que estamos *quase* nos relacionando, mas não totalmente presentes ou atuantes. Iludimo-nos acreditando que não estamos realmente ali, e então, se alguém sair machucado ou alguma coisa sair errada, não nos sentiremos responsáveis.

Mas a verdade é que *estamos* nos relacionando com todas as pessoas que entram em nossa vida — mesmo que seja só por cinco minutos. Temos alguma responsabilidade pela natureza de cada um dos nossos relacionamentos. Escolhemos o papel que vamos desempenhar nesses relacionamentos — o que queremos fazer, dar e ser em cada um deles. Estando *quase* ali, estamos escolhendo não nos dar ou não permitir que os outros escolham o seu papel dentro do relacionamento. Tentamos controlar a coisa toda.

QUENTE E FRIO

Outra maneira de evitar os compromissos e a responsabilidade nos relacionamentos é avançar e retroceder constantemente. Enviamos a mensagem "venha cá" e "vá embora" alternadamente, mantendo a outra pessoa insegura sobre nós, e a relação, indefinida.

— Eu brinco de quente e frio — conta Allen. — Ajo como se quisesse fazer amizade e depois como se não quisesse e então volto a agir como se quisesse e novamente como se não quisesse fazer amizade, e logo as pessoas começam a dizer: "Ei, você quer ou não quer ser meu amigo?" E elas têm todo o direito de agir assim, porque isso é muito confuso. É realmente um jogo em que sou o único a dar as cartas, no qual eu digo: "Este é o *meu* relacionamento e faço dele o que quiser, na hora que bem entender. E isso não é justo, não é um relacionamento. É só eu fazendo o que bem entendo. Isso não é *me relacionar* com outra pessoa.

Mas Allen *está* se relacionando com essas pessoas — ele simplesmente está escolhendo para si um papel muito controlador. Ele não está levando a outra pessoa em conta ou deixando que ela escolha o que quer da relação.

Os relacionamentos sempre envolvem riscos. Quando achamos que *estamos* nos relacionando com os outros em vez de acreditar que podemos optar por *quase* estar ou realmente não estar envolvidos, corremos o risco de ser rejeitados, de brigar, de nos separar da outra pessoa e de sair machucados. Também corremos o risco de amar a outra pessoa, de entendê-la, de nos ligar a ela e nos comprometer.

Por que os elementos positivos dos relacionamentos, como o amor e a união com os outros, nos fazem correr riscos? *Porque*, geralmente, temos tanto medo de ser amados quanto de *não* o sermos. Quando as pessoas demonstram que gostam de nós, que estão interessadas em nos conhecer melhor, temos de decidir como reagir a isso e se queremos ir adiante, nos entregar mais ao relacionamento. Allen diz que brinca de quente e frio porque tem medo de assumir compromissos num relacionamento. Ele diz:

— Em alguns relacionamentos, principalmente com as mulheres, se eu sentir que elas gostam muito de mim, podem me parecer extremamente ameaçadoras. Acho que, se eu tentar algum tipo de compromisso ou me responsabilizar por uma parte da relação, ficarei realmente envolvido e talvez jogue tudo para o alto.

Podemos aprender através dos nossos relacionamentos não só a confiar, mas também a ser *confiáveis*. Se nos dermos chance, aprendemos a dar e a receber, a perdoar e a ser perdoados, a compreender e a ser compreendidos. Passamos a aceitar que as coisas saiam um pouco errado às vezes, e aprender, crescer e seguir adiante a partir disso. Os erros nem sempre têm de significar o final de um relacionamento, e o fim de um relacionamento não significa necessariamente o fim do mundo.

Os relacionamentos podem nos fazer crescer, nos ensinar e nos curar. Também podemos nos machucar nas relações. E mesmo com a melhor das intenções, às vezes podemos ferir os outros. *Todas* as experiências de relacionamento podem ajudar a melhorar a compreensão que temos de nós mesmos e o amor que dedicamos a nós e aos outros.

A FAMÍLIA

É costume dizer que podemos escolher os nossos amigos, mas não a nossa família. Muitos de nós sentimos que, se pudéssemos, escolheríamos relações familiares bem diferentes daquelas que temos. O relacionamento familiar geralmente é o mais difícil, doloroso e complicado.

A nossa família de origem — o principal grupo de pessoas no qual crescemos — nos ensina muita coisa sobre os relacionamentos. Se aqueles com quem convivemos e observamos quando éramos crianças são pessoas difíceis e infelizes, em geral levamos essas dificuldades para os nossos relacionamentos posteriores. E, mesmo se na idade adulta analisarmos as experiências que vivemos na infância e passarmos a ter relacionamentos saudáveis e felizes, os antigos laços familiares continuam dentro de nós.

Por exemplo, só o fato de estarmos na companhia dos nossos pais pode trazer de volta todos os antigos sentimentos de medo, raiva e tristeza da criança que continua vivendo dentro de nós. Nos vemos com medo de falar sobre os nossos verdadeiros sentimentos ou opiniões, de entrar em conflito com eles, de ser nós mesmos. Deixamos nossos pais nos tratarem como crianças ou desempenhar os papéis que exerciam conosco anos antes e que nunca nos deixam esquecer.

Papéis impostos

Elizabeth era a mais velha dos quatro filhos. Ela acha que sua família lhe destinou o papel de "boa filha".

— Os meus irmãos tinham os seus papéis — ela explica. — Um era "artista", o outro era o "rebelde" e a outra era a "mais bonita". Mas eu era a "boa filha", a *perfeita* — confiável, responsável e obediente. A boa aluna que sempre ajudava nos afazeres de casa e que nunca dava nenhum trabalho para a família.

O papel que a família lhe destinou ficou enraizado em Elizabeth até os 40 anos.

— Os meus pais *continuam* me vendo como a "boa filha" quando se dirigem a mim — ela diz. — Eles não *me* vêem. Ainda esperam que eu os ajude, seja confiável e obediente. Os meus irmãos podem ter todo tipo de problemas, sair e fazer o que bem entendem e não têm problema nenhum, mas eu não. A minha família nem sequer aceitaria o fato de eu estar me tratando para me livrar do alcoolismo.

É difícil para Elizabeth se impor diante da família.

— Sempre que estou com eles, caio na antiga rotina — ela explica. — Eu não discordo deles, nunca explico com clareza quem sou agora e jamais me recuso a fazer qualquer coisa que eles peçam. Fico confusa com os meus próprios pensamentos, opiniões e com a minha identidade quando estou na companhia deles. Sempre que *tentei* me impor diante deles, eles agiram como se eu estivesse fazendo uma coisa terrível contra a família. Acho que simplesmente não vale a pena enfrentá-los.

— Diante de qualquer opinião, decisão ou atitude que eu tome que não seja a que eles teriam achado melhor — Elizabeth continua —, eles responsabilizam meu marido. Eles dizem: "Elizabeth jamais faria isso", mesmo que eu tivesse *feito*! Eles dizem que o meu marido me influencia e que está me afastando deles. Por isso, nem tento mais me entender com eles. Mas isso faz eu me sentir péssima. A única forma que vejo de poder ser eu mesma é ficando longe deles.

Como Elizabeth, muitos de nós recebem da família papéis bem definidos. Romper com isso significa dar um passo à frente no nosso desenvolvimento pessoal. Podemos examinar o comportamento de nossa família e o papel que desempenhamos nela, escolher as convicções e os comportamentos que desejamos manter e nos livrar do resto.

Mas a nossa família não vai querer abrir mão da visão que tinha de nós no antigo papel. Ela não é capaz de nos ver como nós vemos o nosso eu adulto. É mais fácil para ela culpar o nosso marido ou mulher, os amigos, a escola, o trabalho ou a cidade pelas mudanças que ela se nega a enxergar em nós. Deve ser muito difícil para nossos pais aceitar o fato de que o filho cresceu e fez algumas escolhas que eles não teriam feito para nós ou que não esperavam que fizéssemos por conta própria.

Tudo o que podemos fazer, nesse caso, é tentar compreender que eles se sentem ameaçados e aceitar o fato de que eles *não podem* nos ver como nos vemos. Podemos abandonar a necessidade que temos de que eles nos enxerguem, aceitem e aprovem como somos. Podemos aceitar o nosso relacionamento como ele é e optar por não ficar angustiados com o que ele não é. Talvez algum dia o relacionamento com a nossa família mude, talvez não. De qualquer maneira, podemos manter a nossa auto-imagem, fazer as nossas próprias escolhas, viver a nossa vida e saber que estamos bem, mesmo sem a total compreensão da nossa família.

A síndrome da "família perfeita"

Outros problemas nos relacionamentos familiares não acontecem por causa do que a família espera de cada um dos seus membros, mas devido ao ideal que fazemos de família. Enquanto alimentarmos fantasias de termos uma "Família Perfeita" ou qualquer outro tipo de ilusão do que seja uma família ideal, não ficaremos satisfeitos com a nossa família da vida real.

Cada um dos três filhos de Martha, depois de adultos, foi morar em uma cidade diferente. Divorciada há vinte anos, Martha agora vê os filhos e as respectivas famílias uma ou duas vezes por ano:

— Eu sempre idealizei uma família perfeita — ela disse. — Sempre soube que jamais teria um casamento de conto de fadas, mas simplesmente não compreendo por que não podemos ser uma família unida, feliz e que se ama. Os meus filhos não se telefonam, não se escrevem nem se visitam. Eles nem se lembram dos irmãos nos aniversários ou nos feriados. Vivo telefonando para lembrá-los e perguntando o que está errado, mas não adianta. Eles estão por aí, espalhados pelo mundo, sem que haja alguma comunicação entre eles. Eu simplesmente não entendo. A gente não se desliga assim da família.

Enquanto Martha acreditar que, para ser feliz, precisa concretizar a fantasia de ter a família unida, ela nunca será feliz. Não podemos controlar a forma como as outras pessoas escolhem viver as suas vidas — mesmo os membros da nossa família. Não podemos saber o que é melhor para eles, fazê-los aceitar as nossas opiniões ou o que "não devem fazer".

Mas quando aceitamos a realidade, aprendemos que a nossa felicidade não depende de qualquer coisa que os outros membros da família pensem, sintam ou façam. Podemos aprender a abandonar as antigas expectativas que temos do que a nossa família *deveria ser* e aceitá-la como realmente *é*.

Parentes por afinidade e novos casamentos

Não podemos escolher a nossa família de origem, assim como temos muito pouco controle sobre a família a que passamos a pertencer através do casamento, ou sobre as pessoas que casam com alguém da nossa família. Esses relacionamentos são freqüentemente tensos e podem desgastar o relacionamento com a nossa família.

Depois que a mãe de Greg morreu, seu pai, que tinha 55 anos, passou a freqüentar um grupo de apoio para viúvos. Lá ele conheceu uma mulher de 24 anos, apaixonou-se por ela e logo se casou. Greg se esforçou ao máximo para manter a calma e apoiar a decisão do pai. Ele adotou a atitude do "viva e deixe viver", mantendo um relacionamento bom e aberto com o pai. Mas os outros membros da família deixaram bem claro que não gostaram nada da novidade. A raiva e a tensão contaminaram toda a família. A união e a felicidade deram lugar aos atritos.

— Não parecíamos mais uma família — queixava-se Greg.

Um novo casamento sempre é algo difícil para a família. Os novos relacionamentos ficam tensos diante dos antigos laços de lealdade. A idéia antiga que tínhamos sobre família e sobre os seus membros deve dar lugar para novas perspectivas. Se deixarmos para trás a nossa ligação com o passado e as fantasias que criamos, podemos manter fortes relacionamentos familiares. E se essas mudanças derem bons resultados, podemos alegremente compartilhá-las com a nossa família. Podemos ser uma fonte de amor e de apoio, em vez de recriminar ou falar "eu avisei que isso ia acontecer".

Os mesmos princípios se aplicam quando qualquer membro da família trás uma nova pessoa para fazer parte da nossa família, ou quando temos que conviver com a família de um namorado ou da pessoa com quem nos casamos. Não podemos, necessariamente, esperar gostar de todas essas pessoas, ter prazer em sua companhia ou ter muita coisa em comum com elas. Se isso acontecer, ótimo. Mas se não for assim, tudo bem. A nossa felicidade e paz interior não dependem do que alguém faz, pensa, sente ou com quem ela escolhe viver.

Quando abandonamos todas as nossas expectativas e suposições, ficamos mais abertos para descobrir sentimentos positivos sobre os outros. Podemos aceitá-los como são e aprender que não precisamos que eles sejam de nenhuma maneira específica. Os conflitos que surgem dentro da família ou por causa dos relacionamentos por afinidade podem ser eliminados, se não resolvidos, simplesmente deixando para trás as nossas ligações com o passado ou com as expectativas que criamos sobre a família. Não é justo nos afastar das pessoas que amamos por julgar as pessoas que elas amam.

Os filhos

Sharon esperou até completar 30 anos, estar com a carreira estabilizada e casada há cinco anos antes de decidir engravidar. Quando sua filha nasceu, Sharon disse que sentiu o "verdadeiro amor" pela primeira vez na vida:

— Lembro-me claramente que, enquanto eu segurava o meu bebê nos braços, eu pensava: "*Puxa! Isto é que é amor. Eu nunca amei* ninguém *assim, antes — nem mesmo o meu marido.*" Eu logo soube que aquilo era de alguma forma *diferente* e especial. Eu a amava mais do que jamais imaginei que pudesse amar outro ser humano. Ela continua sendo a única pessoa que amei assim — total e *incondicionalmente.*

Esse laço especial que os pais sentem pelos filhos pode ser maravilhoso. Contudo, ele também pode tornar o relacionamento entre eles mais difícil, porque tudo o que diz respeito a ele é muito importante para nós. Tentamos dar para os nossos filhos tudo o que eles precisam para crescer fortes, saudáveis, inteligentes, seguros e felizes. Investimos muito de nós mesmos na criação deles. Quando as coisas vão bem para os nossos filhos, ficamos felizes e orgulhosos. Quando as coisas dão errado, o nosso coração fica despedaçado.

Dificilmente podemos ajudar nossos filhos, a não ser fazendo planos e criando expectativas sobre eles, e é aí que as coisas em geral começam a dar errado. Às vezes as coisas não acontecem como planejamos. Todas as oportunidades que pensávamos estar dando para os nossos filhos podem parecer fardos, armadilhas ou obrigações, aos olhos deles. Eles podem cometer muitos dos enganos que nós mesmos cometemos, não importa o que façamos ou digamos a eles. Queremos só afastá-los de qualquer sofrimento, seja ele grande ou pequeno, mas os filhos parecem querer ir justamente em direção às coisas que lhes causarão dor.

— Estou convencida, depois de dezesseis anos como mãe, de que são os *pais* que crescem educando os filhos — comenta Sharon. — Aprendi muito bem como deixar para lá as coisas que me incomodam e a aceitar as pessoas e as coisas como são.

Depois de estudar piano durante oito anos, a filha de Sharon decidiu parar. Sharon tentou não demonstrar, mas a decisão da filha realmente a magoou:

— Eu queria gritar com ela, forçá-la a continuar, dizer que iria se arrepender mais tarde. Mas não fiz nada disso. Disse-lhe que a decisão era dela. Disse-lhe, calmamente, que achava que estava indo muito bem nas aulas e que eu ficaria muito feliz se ela continuasse, mas que se não quisesse, não a forçaria. Essa foi a coisa mais difícil que eu já disse a ela.

A filha de Sharon parou com as aulas e, desde então, nunca mais tocou piano. Mas Sharon decidiu que estava tudo bem:

— Deixei de lado as fantasias sobre o que ela deveria ser ou fazer. Estou deixando que *ela* me mostre quem é e estou descobrindo que gosto muito dela. Eu posso amá-la, orgulhar-me e ficar contente com ela não importa o que decida fazer.

As pessoas são afetadas, de várias maneiras, pelo fato de serem pais, dependendo do ponto de vista, da sensibilidade e da disposição que têm. Mas, na experiência de ser mãe ou pai, existe uma *oportunidade* de crescimento sem paralelos. Quando nos abrimos para tudo o que podemos aprender com os nossos filhos durante a vida, temos chance de crescer cada vez mais. Quando abandonamos a expectativa de encontrar a felicidade *através* dos nossos filhos, descobrimos a felicidade no relacionamento cheio de paz e de amor que temos com eles.

O amor

Muitos de nós classificam o relacionamento que temos com os outros em quatro níveis: *amar, gostar, ser indiferente* e *não gostar* ou *odiar*. A maioria das outras pessoas pertence à categoria da *indiferença*. Essas são as pessoas com quem realmente não nos relacionamos — ou com quem nunca nos encontramos ou com as quais só conviveremos alguns minutos insignificantes.

A maior parte das pessoas de nosso convívio diário pode ser dividida em *pessoas de quem gostamos e pessoas de quem não gostamos*: os colegas de trabalho ou de escola, os conhecidos, parentes e amigos. Julgamos as pessoas pela aparência, pelo que dizem e fazem, pelas opiniões e comportamentos que têm e pelo modo como nos tratam. Constantemente, nós as trocamos de lugar, mudando-as de categoria; passamos a gostar delas ou a não gostar. Às vezes, mudamos alguém da categoria *pessoas de quem gosto* para a categoria *pessoas de quem não gosto* ou até mesmo para *pessoas que odeio*, mas o que geralmente acontece é que a pessoa simplesmente pára de preencher alguma necessidade que temos. Ou talvez as expectativas, fantasias ou suposições que fazemos sobre ela sejam falsas.

Só poucas pessoas entram na categoria das *pessoas que amo*. Temos todos os tipos de definições que se enquadram naquilo que chamamos "amor": admiração, afeição, confiança, respeito, preocupação, fidelidade, intimidade e atração, citando apenas alguns aspectos. Os relacionamentos amorosos também são considerados *especiais*, algo que os torna de alguma forma *exclusivos*. Essa exclusividade pode estar ligada ao fato de compartilharmos segredos com essa pessoa, sermos fiéis a ela do ponto de vista sexual ou termos laços familiares. Também pode ser algo menos palpável e mais difícil de definir.

— O verdadeiro amor acontece com pessoas muito especiais — disse uma vez um homem. — Ninguém mais pode preencher esse molde. Não é o mesmo que estar "apaixonado", ou seja, quando você fica feliz porque está satisfazendo certas necessidades ou desejos que tem — o que muitas outras pessoas provavelmente poderiam satisfazer da mesma forma. O verdadeiro amor fica muito centralizado nessa pessoa em especial.

Às vezes definimos o amor como um comportamento, em vez de um sentimento. Uma mulher disse:

— Amar é zelar pelo bem-estar da outra pessoa e o que mais você puder acrescentar a isso.

Às vezes o que chamamos de "amor" transforma-se em dependência, vício ou mesmo obsessão. Dividimos o amor em tipos, tais como *platônico, maternal* ou *romântico*. Entregamo-nos a debates filosóficos sobre o que o amor realmente é e a quantas pessoas podemos oferecê-lo. Por mais que queiramos viver o amor ou falemos, cantemos e escrevamos sobre ele e sobre a importância que ele tem em nossa vida, parece que continuamos bastante confusos com relação a esse sentimento.

"Ame a todos, confie em alguns"

Há uma outra maneira de olharmos para toda essa questão do amor e dos relacionamentos. Podemos *simplificar* o nosso complexo ponto de vista. Primeiramente, podemos eliminar as categorias *não gostar, odiar* e *ser indiferente*. O único objetivo que elas têm é o de iludir o nosso ego, fazendo-o acreditar que podemos optar por não nos relacionar com os outros, ou que podemos nos proteger julgando e guardando ressentimentos de algumas pessoas.

Obviamente não podemos ter um relacionamento direto com todas as pessoas do mundo, mas *estamos* nos relacionando com elas o tempo todo. Vivemos no mesmo planeta e influenciamos uns aos outros de uma série de maneiras que nem sequer imaginamos. Também não podemos gostar de todas as pessoas, tolerar o comportamento delas e ter prazer em sua companhia, mas *podemos* parar de julgá-las e de guardar mágoa delas. Uma vez que eliminamos essas duas categorias negativas, podemos nos concentrar nas duas outras positivas.

Como escreveu William Shakespeare: "Ame a todos, confie em alguns." Podemos amar a todas as outras pessoas aceitando-as como são e desejando-lhes somente paz, alegria, mente e corpo saudáveis. Isso não quer dizer, absolutamente, que devemos aceitar o abuso ou a dor que nos tenham causado. Como Hugh Prather escreveu: "Abrir o coração de alguém não significa abrir a nossa casa, a nossa bolsa ou fazer qualquer outra coisa. Ser um componente de felicidade e de aceitação é algo puramente mental." A aceitação e o perdão necessários para "amar a todos" são atitudes, e não ações. Mas a atitude de amar a todos se manifestará em forma de paz interior, felicidade e na responsabilidade que temos com os outros.

Esse novo tipo de amor é universal, incondicional e *inclusivo*, em vez de exclusivo. Ele significa valorizar a paz e a compreensão, em vez do conflito e da mágoa. Ele significa procurar nos relacionar com os outros no nível do espírito, em vez de nos comunicar somente no nível do ego. Ele significa abertura, aceitação e perdão.

O PERDÃO

O perdão é um elemento essencial do amor universal e incondicional. Podemos praticá-lo de várias maneiras e em *todos* os nossos relacionamentos. Podemos começar com pequenos exercícios, perdoando aqueles com quem, aparentemente, temos relações sem importância.

Lucie nos contou sobre a sua experiência de perdão:

— O meu marido e eu freqüentemente pedíamos *pizza* num restaurante que entregava em casa. Eles tinham uma promoção que dava um desconto se a *pizza* levasse mais de trinta minutos para ser entregue. Nós sempre ajustávamos o *timer* da cozinha assim que fazíamos o pedido e geralmente o entregador chegava quando o tempo estava quase se esgotando. Mas certa vez o *timer* soou e ele ainda não havia chegado.

— Enquanto esperávamos, falamos sobre o desconto e se deveríamos exigi-lo ou não. Vínhamos conversando sobre o perdão e estávamos tentando incorporá-lo em nossa vida. Essa parecia ser uma oportunidade perfeita para praticá-lo. Decidimos não mencionar o desconto e pagar o preço normal. De qualquer forma já havíamos reservado o dinheiro para pagar o preço integral da *pizza*, portanto o desconto não era tão importante assim. Ficamos imaginando se o entregador falaria sobre o desconto, já que o horário em que os pedidos eram feitos vinha impresso na caixa.

— O entregador chegou quase dez minutos atrasado, não falou nada a respeito e nós pagamos o preço normal — e também demos a gorjeta, como de hábito. O meu marido e eu não ficamos com raiva nem nos sentimos enganados. Na realidade, nós nos sentimos *ótimos* durante toda a noite — como se tivéssemos feito uma boa ação. Chegamos à conclusão de que estarmos certos tinha menos importância do que estarmos calmos, em paz e felizes. Curiosamente, continuamos pedindo *pizza* no mesmo lugar regularmente, e ela sempre chegava em quinze minutos!

Pequenos exercícios de perdão como esse podem nos ensinar como é fácil deixar para lá muitas coisas do cotidiano que nos incomodam. A verdade é que elas não são tão importantes assim. Mas e as coisas mais graves? Que dizer daquelas que são importantes e que afetam drasticamente a nossa vida? Como podemos perdoar as verdadeiras tragédias e atrocidades que tanto acontecem no mundo?

Nesses casos, perdoar não é fácil, porque eles aguçam a fixação que o ego tem pelo medo, pela raiva e pela vingança. É claro que os sistemas que garantem o cumprimento das leis e a justiça aos criminosos são necessários para proteger os inocentes. E temos o direito e a responsabilidade de pôr um fim nos relacionamentos que nos fazem mal. Mas, no nosso coração e na nossa mente, podemos desejar que esses infratores se regenerem e tenham paz, em vez de ser punidos. A raiva, o medo e a vingança não podem desfazer o mal que foi feito, mas podem nos causar mal.

O perdão é para nós mesmos e não para aqueles de quem guardamos ressentimento. Ele nos livra da raiva e do medo que nos envenenam. Ele elimina os sentimentos e comportamentos negativos da nossa mente, dando espaço para os positivos. Não temos que nos aproximar das pessoas que perdoamos. Tudo o que temos que fazer é abandonar a nossa fixação nos sentimentos de raiva, medo e vingança.

Exercícios breves e regulares de perdão — como a história de Lucie sobre a entrega da *pizza* — podem nos ajudar a colocar em prática uma maneira de nos livrar dos nossos maiores ressentimentos. Podemos tornar o perdão um hábito para que possamos senti-lo mais rápida e naturalmente.

Em *The Power of Your Subconscious Mind,* Joseph Murphy escreveu que o "maior teste" do perdão é como você se sente quando ouve notícias muito boas sobre alguém que o tenha magoado no passado. Se sentir alguma reação negativa, você ainda não perdoou totalmente. Quando ouve as boas notícias e fica indiferente, "psicológica e espiritualmente", então você realmente perdoou. Esse estado de espírito nos liberta para encontrarmos a verdadeira felicidade dentro de nós mesmos.

Os relacionamentos especiais

"Confiar em alguns" é, em geral, o que já fazemos, mesmo que não chamemos assim. Esses são os nossos relacionamentos especiais: as pessoas que amamos, admiramos, de quem gostamos ou a quem estamos ligados de alguma forma. Optamos por ficar perto de certas pessoas porque elas preenchem certas necessidades que temos.

Esses relacionamentos podem durar um certo tempo, dependendo das circunstâncias ou das mudanças de necessidades que temos. Por exemplo, um colega de quarto na universidade pode ser nosso amigo mais íntimo durante alguns anos, e então, depois da formatura provavelmente nunca mais o vejamos novamente. As pessoas com quem saímos, trabalhamos, estudamos ou que moram perto de nós entram e saem da nossa vida.

Algumas vezes, o nosso "gostar" é muito forte e o chamamos de "amar". Ele nos faz sentir seguros, aceitos, compreendidos e importantes. São relacionamentos *estimulantes* — pois nos dão entusiasmo e satisfazem sexual, mental ou emocionalmente. Queremos que eles durem para sempre. Ou melhor, que esse *sentimento* dure para sempre.

Mas depois de um tempo mudamos, as nossas necessidades são outras, as pessoas mudam, e por isso os nossos relacionamentos também. O maravilhoso sentimento que queríamos que durasse para sempre nunca dura. Essa realidade faz com que fiquemos desapontados ou até desesperados. Passamos a sentir raiva ou a culpar a outra pessoa. Começamos a procurar alguém que seja a pessoa "certa", ou evitamos os relacionamentos íntimos para não sentir a dor da separação novamente.

O problema nesse caso é causado pela mania que temos de achar que a nossa felicidade depende dos nossos relacionamentos "amorosos". Como Jerry Jampolsky escreveu: "Toda vez que eu der a outra pessoa o poder de determinar a minha felicidade, acabarei agoniado e em conflito." Se, por outro lado, nos centrarmos na nossa própria paz interior e felicidade, podemos nos concentrar em amar a todos e a *gostar* de poucos. Todos os nossos relacionamentos da categoria "pessoas de quem eu gosto", então, poderão ser vistos como experiências enriquecedoras, independentemente da sua intensidade, duração ou resultado.

As nossas ilusões e fantasias sobre o amor sempre acabam se revelando falsas. Quando nos agarramos a elas como a uma tábua de salvação, é porque esquecemos que, se simplesmente relaxarmos e nos livrarmos desse sentimento, podemos prosseguir *por nossa própria conta.*

Ficar sozinho

É natural que os seres humanos procurem a companhia uns dos outros. Nós nos organizamos em nações, cidades, bairros e famílias; nos dividimos em grupos que têm os mesmos interesses, objetivos, passatempos, profissões, convicções e problemas. Preenchemos a nossa vida com relacionamentos que variam em intensidade e propósito.

Acredito que nós, seres humanos, procuramos a companhia uns dos outros porque sentimos, talvez inconscientemente, que num nível profundo, espiritual, todos nós somos um. Sentimos o impulso natural de ficar juntos porque essa unidade faz parte da nossa natureza. Mas como a paz, a felicidade e a espiritualidade encontram-se bem no fundo de nós, vivemos essa experiência sozinhos e, em geral, isso é *necessário*.

Quando o casamento infeliz de Anna terminou, ela achou que precisava ficar só durante algum tempo. Apesar de ter sido convidada para passar a véspera e o dia de Natal com amigos, ela preferiu ficar em casa sozinha:

— Fiquei contente quando o meu marido saiu de casa no Dia de Ação de Graças, mas me senti um pouco estranha passando o Natal sozinha — ela nos disse. — Mesmo assim, senti que por algum motivo *precisava* fazer aquilo.

Esse período de solidão tornou-se o que Anna chama de "um momento especial que mudou completamente a minha vida". Em vez de se sentir só ou com medo, Anna disse:

— De repente, senti que toda a casa estava *cheia:* cheia de alegria, de vida e de amor e que ela transmitia uma forte sensação de paz. Repentinamente me senti muito mais *segura* do que já tinha me sentido em toda a minha vida. Eu sabia que sempre ficaria bem, não importava o que acontecesse. Senti uma forte ligação espiritual com alguma coisa fora de mim — algo muito, muito maior. De repente compreendi que a minha segurança não tinha relação com qualquer outra coisa senão com essa ligação. Sabia que, o que quer que acontecesse, essa união espiritual perduraria e eu ficaria bem.

Todos nós precisamos ficar sozinhos às vezes para contemplar os nossos pensamentos, nos conhecer e talvez para descobrir, como Anna, a nossa espiritualidade. Às vezes precisamos nos afastar dos relacionamentos por algum tempo, para descansar, nos curar e crescer. Às vezes, precisamos deixar que novas opiniões e comportamentos sejam "absorvidos" e se solidifiquem dentro de nós, algum tempo antes de podermos praticá-los com os outros.

Ted, que mora sozinho, define-se como "uma pessoa essencialmente solitária". Recuperando-se do vício do álcool e das drogas, ele disse:

— As pessoas agora fazem piadas por eu ser "anti-social". Eu era *tão* sociável; "sociável" não é bem a palavra certa. Eu costumava viver a minha vida através das outras pessoas, das drogas e do álcool. Acho que passei um período com muito medo de me relacionar porque achava que cometeria os mesmos erros novamente. Eu também senti durante algum tempo que havia uma parte de toda essa recuperação que era minha, e somente minha, e eu estava ocupado vivendo isso. Então simplesmente me afastei das outras pessoas.

Ted vem se recuperando há vários anos e já não tem mais medo de se relacionar com as outras pessoas. Ele aprendeu a equilibrar o tempo que passa com elas com o que passa na sua própria companhia. Ele diz:

— Agora aprendi que saio de casa e passo bastante tempo com muita gente e que depois preciso ficar sozinho para pensar. Passo muito tempo recapitulando mentalmente tudo o que aconteceu: como eu agi e como as outras pessoas agiram. Faço a mim mesmo muitas perguntas sobre o "Por que" das coisas, como: *Por que tal coisa aconteceu dessa ou daquela forma, o que eu senti a respeito disso e o que eu quero fazer a respeito agora?* Eu realmente preciso ficar um tempo sozinho para fazer tudo isso.

O tempo que ficamos sozinhos podemos passar fazendo uma introspecção, meditação ou orações, que são práticas saudáveis e nos ajudam. Pode ser uma oportunidade maravilhosa para fazer um intervalo nos nossos relacionamentos pessoais e sociais, para ampliar nossa visão das coisas, crescer e nos aproximar mais de nós mesmos e do nosso Poder Superior. Podemos usar esse tempo para tornar mais claros os nossos pensamentos e sentimentos, renovar o contato com a nossa espiritualidade e voltar para os nossos relacionamentos com mais coisas a compartilhar.

A SOLIDÃO

Às vezes ficar sozinho não é muito bom. Sentimos que não temos o tipo ou a quantidade de amigos que gostaríamos. Esse tempo sozinho às vezes é mais doloroso do que salutar, mais solitário do que restaurador.

Ted disse que compreendeu melhor o quanto precisava das outras pessoas durante o tempo que passou sozinho:

— Uma parte da nossa espiritualidade é o que você está dividindo com a espiritualidade das outras pessoas — ele disse. — Acredito que haja espiritualidade na solidão e na meditação, mas é necessário que o espírito de outra pessoa esteja ali para exercitar uma certa parte da nossa espiritualidade. — Precisamos exercitar essa parte para podermos nos unir às outras pessoas com amor e paz.

Quando nos concentramos no nosso próprio bem-estar, crescimento e espiritualidade e encontramos formas positivas de passar o tempo, os relacionamentos passam naturalmente a fazer parte da nossa vida. Por exemplo, o trabalho voluntário é em geral uma ótima maneira de conhecermos pessoas com interesses parecidos e de, ao mesmo tempo, contribuirmos com a nossa comunidade. Os hospitais, as instituições de caridade, as bibliotecas, os centros comunitários e as campanhas políticas estão sempre precisando de voluntários. Os grupos de teatro e música amadores, os grupos religiosos e os clubes de interesses específicos podem ser encontrados em toda comunidade. Muitos cursos são oferecidos a baixo custo, ou até gratuitamente, em muitas escolas, centros comunitários e bibliotecas.

Existem grupos de apoio à nossa disposição se quisermos conversar com pessoas que têm problemas parecidos com os nossos. Existem grupos para viciados em álcool, drogas, sexo, jogo, para pessoas com disfunções alimentares e enfermidades crônicas e para aqueles que passaram por uma situação traumática. Também há grupos para pais, pais solteiros, divorciados ou viúvos. Existe um grupo específico para qualquer pessoa que necessite de apoio. Tudo o que temos a fazer é sair e procurar um que sirva para nós — e se não gostarmos do primeiro que encontrarmos, podemos tentar outro.

Estaremos sabotando as chances que temos de viver experiências maravilhosas se a nossa mente tiver expectativas específicas sobre o relacionamento com as pessoas. As estratégias para encontrarmos amigos e companheiros estarão fadadas a fracassar. O desejo desesperado que uma pessoa tem de encontrar alguém pode levar à intimidade impulsiva e ao tormento. As amizades são, antes de mais nada, fruto de interesses comuns.

Se deixarmos, nossos relacionamentos se desenvolverão naturalmente. Mas *primeiro* temos de nos concentrar no desenvolvimento da nossa própria espiritualidade e na relação que temos com nós mesmos. Quando sabemos usar o tempo que passamos sozinhos, gradativamente nos preparamos para o mundo e para compartilhar a vida com as outras pessoas. Então, os outros aparecerão e dividirão a vida deles conosco.

Os rompimentos e os novos começos

Os relacionamentos, assim como as pessoas, estão constantemente mudando. Eles podem se tornar mais próximos, calorosos, alegres, saudáveis, profundos e satisfatórios. Eles também podem ficar frágeis, frios e mais distantes. Todas essas mudanças exigem que reavaliemos e ajustemos os nossos pontos de vista sobre os relacionamentos e sobre o papel que desempenhamos neles.

Terminar um relacionamento geralmente é o que nos causa mais problemas. Havíamos criado algo que preenchia um certo espaço na nossa vida; e sem isso temos que fazer uma série de mudanças em nós mesmos, no nosso tempo e talvez no nosso local de trabalho ou no nosso lar. Também temos de ajustar a imagem que temos de nós mesmos sem esse relacionamento. Acima de tudo, temos de analisar os nossos sentimentos sobre a outra pessoa e sobre a maneira como o relacionamento se desenvolveu e terminou. Tudo isso parece dar muito trabalho, mas geralmente é assim. Contudo, também é uma das melhores oportunidades de crescimento pessoal que podemos ter.

Rick nos diz que "o fim de uma experiência amorosa" foi uma das coisas mais difíceis pelas quais ele passou:

— O mais difícil foi a batalha que travei comigo mesmo para compreender que eu não podia entender o que havia acontecido ao relacionamento — ele disse. — Ele foi se transformando, até passar a significar nada mais do que um grande problema e eu não podia mudar isso. Eu queria e tentava, desesperadamente, fazer com que as coisas voltassem a ser como no início.

— Quando o relacionamento finalmente acabou — continua Rick —, eu estava morrendo de pena de mim mesmo. Sentia que *eu* tinha tentado de tudo, que *eu* tinha feito isso e que *eu* tinha feito aquilo, mas que mesmo assim o relacionamento não estava indo para lugar nenhum.

Depois de passar um tempo amargurado, Rick começou a perceber como tinha sido controlador no seu relacionamento. Ele disse:

— Eu aprendi a ser mais sensível ao que as outras pessoas estavam me dando e a não fazer nenhuma suposição sobre os relacionamentos, como fazia anteriormente.

Estar dispostos a aprender a reconhecer os erros que cometemos nos relacionamentos, em vez de culpar os outros, pode tornar essas experiências muito valiosas para nós. Se deixarmos de lado o medo, o orgulho, a raiva e a ilusão de autoproteção que o ego tem, podemos aprender muitas lições importantes. Podemos esperar o tempo necessário para podermos *crescer com* a experiência, em vez de simplesmente tentar sobreviver a ela.

O tempo ajudou Rick a ver as coisas com um distanciamento crítico e sob outra perspectiva.

— Isso me permitiu ver como tínhamos passado pouco tempo juntos e quantas outras coisas eu ainda tinha para viver — comentou ele. — O rompimento tornou-se uma experiência de aprendizagem em vez de algo que impedisse o meu progresso. Finalmente, chegou o momento em que eu senti que o que dizia respeito àquele relacionamento, a essa parte da minha vida, estava *bem*. Ele não deu certo, ou melhor, ele *deu certo*, ele foi o que foi, e estava tudo bem. Eu não tinha que lamentar o fim da relação pelo resto da vida.

A difícil experiência de Rick deu-lhe visão, tolerância e esperança de ter relacionamentos melhores no futuro. Ele adquiriu uma enorme compreensão, que provavelmente não encontraria de outra maneira. Se deixarmos, os problemas e os rompimentos dos nossos relacionamentos podem nos ensinar e ajudar a crescer. Mesmo que nos façam sofrer durante algum tempo, podemos ganhar, muito mais do que perder, com eles.

Os rompimentos abrem caminho para novos começos. Depois de aprendermos o que for possível a partir dessas experiências, deixamos que elas se vão para dar espaço na nossa mente, no nosso coração e na nossa vida para novos relacionamentos. Não podemos buscar novas experiências enquanto nos agarrarmos obstinadamente à antiga dor ou mesmo às belas lembranças do passado. Temos que aceitar os rompimentos dentro de nós mesmos antes que possamos progredir na vida.

Os novos começos são estimulantes. Eles despertam em nós sentimentos, pensamentos e experiências novas. Se usarmos tudo o que aprendemos, os novos relacionamentos podem ser melhores do que qualquer outro que vivemos no passado. Cada novo começo é mais uma chance que temos de descobrir mais sobre nós mesmos e sobre os outros, de crescer de uma maneira nova, de aprender quanto temos de dar e quanto os outros podem nos dar.

Quando deixamos de lado a nossa vontade de controlar as expectativas, as suposições e o desejo de autoproteção que o nosso ego sente, nós nos abrimos para relacionamentos maravilhosos. Podemos nos unir aos outros em amor e paz. Podemos viver a nossa unidade espiritual com todos os outros seres humanos e com o nosso Poder Superior. Podemos preencher a nossa vida com relacionamentos felizes e saudáveis.

EXERCÍCIOS

Exercício Um

Papéis familiares. Qual foi o papel que você desempenhou na sua família? Você foi rotulado pelos seus familiares pelo resto da vida? Como você se sente com relação a esse papel, agora? Você continua tentando desempenhá-lo para os membros da sua família? Ou com outras pessoas? Que aspectos desse papel você gosta e quer manter? Que aspectos você gostaria de abandonar? Por onde você pode começar?

Exercício Dois

Fantasias. Como você imagina que seja uma família ideal? Um relacionamento amoroso ideal? Uma amizade ideal? Nas fantasias que você criou, quais são as expectativas que você tem sobre as outras pessoas? Elas costumam corresponder a suas expectativas? Como você se sente quando isso não acontece? Você pode ver se de alguma forma tentou controlar os outros ou os relacionamentos? O que aconteceria se você deixasse de lado as fantasias e expectativas que tem sobre os outros? Tente fazer isso com um relacionamento específico e veja o que realmente acontece.

Exercício Três

Perdão. Este exercício divide-se em duas partes: perdoar mentalmente e perdoar na prática. Em primeiro lugar, pense em alguém que você sente que o magoou de alguma forma. Decida, mentalmente, fazer com que o ressentimento passe. Agora fixe a imagem dessa pessoa em sua mente e peça ao seu espírito e ao seu Poder Superior que lhe mostrem o que eles vêem nessa pessoa. Peça para ver esse relacionamento de uma maneira nova. Em segundo lugar, faça algum pequeno gesto de perdão. Pode ser algo parecido com a história do atraso na entrega da *pizza*, em que Lucie percebeu como aquilo não tinha importância. Você se sentirá muito bem sem a raiva e a convicção de que está certo, dos quais está abrindo mão — de fato, será como se um grande peso saísse das suas costas.

Exercício Quatro

Ficar sozinho. Reserve um tempo para ficar sozinho consigo mesmo, todos os dias. Desligue a TV, o rádio ou qualquer outra coisa que lhe distraia. Simplesmente passe algum tempo com *você*, para conhecer os seus próprios pensamentos e sentimentos. Procure descobrir a parte de você que irradia mais amor e paz. Sinta prazer na sua própria companhia e faça desses momentos de solidão uma rotina diária.

Capítulo Cinco

Os Problemas das Outras Pessoas

As outras pessoas não têm que mudar para que possamos ter paz de espírito.

— Jerry Jampolsky

Os problemas das outras pessoas podem nos afetar de várias maneiras, constituindo-se num verdadeiro desafio para a nossa serenidade e equilíbrio. Se deixarmos as reações do nosso ego serem desencadeadas, podemos acabar reagindo aos problemas das outras pessoas com culpa, raiva, preocupação, medo ou qualquer outra forma de autodefesa. Nós nos sentimos com a responsabilidade de consertar o que está errado, ou culpados porque não podemos fazê-lo. Ficamos presos ao hábito do ego de atacar e se defender.

MIRANDA E A MÃE

Miranda disse que grande parte da sua vida havia sido boa. Ela tem um casamento feliz, um trabalho que adora, uma casa nova e em geral se sente satisfeita. Mas quando Miranda fala com a mãe ao telefone, tudo muda:

— Fico tão preocupada com ela — Miranda nos contou. — Ela é viúva, mora sozinha em outra cidade e por causa de uma deficiência física não pode trabalhar ou dirigir e se recusa terminantemente a vender sua casa e morar mais perto de mim. Quando a pensão do meu pai acabou, fiquei louca de preocupação. Felizmente eu já tinha condições de começar a lhe mandar algum dinheiro todos os meses, mas nunca era o suficiente. Ela sempre se lamenta, dizendo o quanto é pobre. Não sei mais o que fazer.

Miranda conta que pensa nos problemas da mãe grande parte do tempo:

— Sinto como se a imagem que tenho de mim mesma como uma pessoa boa dependesse de como cuido dela — ela disse. — Eu faço o que posso, mas não posso controlar as emoções dela. Sinto como se ela estivesse dirigindo a mim suas constantes queixas, apesar de *eu* mandar dinheiro e telefonar-lhe o tempo todo.

Embora Miranda saiba que está fazendo tudo o que pode e que o dinheiro que manda realmente ajuda a mãe, ela continua a se sentir culpada, preocupada e zangada sempre que fala com a mãe:

— A culpa e a preocupação surgem numa série de fantasias que sempre começam assim: "E se..." — ela conta. — Sinto raiva porque *sei* que não sou responsável pela felicidade dela, mas, de alguma maneira, *acho* que sou.

CUIDADOS EXCESSIVOS

Sempre que vamos além do interesse e da compaixão por uma outra pessoa para realmente tentar resolver os problemas dela, vemo-nos numa batalha de egos. Nós nos sentimos agredidos pela falta de serenidade do outro, por sua infelicidade e a realidade dos seus problemas. A pessoa se sente agredida pelo problema porque tentamos ajudá-la ou por não conseguirmos ser bem-sucedidos. Podemos nos sentir tanto defensivos quanto ressentidos.

Não podemos tomar conta de nós mesmos e zelar pela nossa verdadeira felicidade, paz de espírito e bem-estar, se tentarmos controlar a vida de alguém, os seus problemas ou sentimentos. Não podemos fazer a outra pessoa feliz e não precisamos que ela o seja para encontrarmos a nossa própria felicidade. Se nos lembrarmos de que a felicidade — o nosso maior bem-estar — vem de dentro de nós, veremos que todas as manipulações que fazemos são em vão.

Quando identificamos a reação defensiva do nosso ego com relação aos problemas das outras pessoas, podemos começar a nos voltar para o nosso espírito de um outro ponto de vista. O ponto de vista do nosso espírito é amoroso e generoso; não é obsessivo, controlador ou cheio de culpa. Ele é tão amoroso com relação a nós mesmos quanto aos outros. Em alguns relacionamentos, como entre pais e filhos adultos, as pessoas ficam especialmente propensas a se voltar para o ponto de vista do nosso ego, e não o do espírito.

Os filhos adultos

Quando os nossos pais envelhecem, sentimos que lhes devemos alguma coisa. Afinal, eles nos criaram e possivelmente se sacrificaram por nós, de alguma forma. Como Miranda, sentimo-nos em parte responsáveis pela felicidade e pelo bem-estar deles. Mas devemos analisar atentamente o que de fato podemos e não podemos fazer por eles.

Podemos, como Miranda, ajudá-los financeiramente se for possível. Podemos levá-los às compras ou ao médico se tivermos tempo e morarmos perto deles. Podemos telefonar ou visitá-los ocasionalmente para ver como estão passando e para que eles saibam que nos importamos com eles. Às vezes, podemos fazer pequenas coisas que são importantes para eles, como mudar um móvel pesado de lugar.

Podemos ajudar nossos pais de maneira concreta, ajudando-os no que precisarem, mas não podemos jamais cuidar dos sentimentos deles ou controlá-los. Se telefonarmos ou os visitarmos regularmente, eles ainda assim poderão se sentir sozinhos. Mesmo se os levarmos ao melhor médico, eles poderão reclamar, desconfiar dele e das enfermeiras, recusar o tratamento ou até mesmo nos acusar de não ligarmos para eles. Em todos os casos, os sentimentos deles são fruto do poder de escolha *que eles têm*. Não podemos controlar esses sentimentos com nenhuma de nossas ações.

Tentar ganhar o amor dos pais

Às vezes, talvez inconscientemente, tentamos ganhar dos nossos pais alguma coisa que precisávamos quando éramos crianças e que naquela época não conseguimos. Podemos fazer isso tentando preencher constantemente as expectativas deles, na tentativa de conquistar o seu amor ou evitar que eles nos rejeitem.

Quando se casou, Alex começou a ver quanto tempo passava fazendo coisas para os seus pais. Recém-casados, a sua mulher ficava espantada quando ele largava tudo e corria para a casa dos pais sempre que eles telefonavam:

— Os meus pais me telefonavam sempre que algum velho amigo da família estava na cidade, pois queriam que eu fosse visitá-lo, mesmo que não o conhecesse — Alex contou. — Nunca me ocorreu dizer não até minha mulher começar a ficar zangada porque eu desmarcava os planos que ela e eu havíamos feito. Às vezes, eu a deixava sozinha com convidados em casa para ver meus pais. Às vezes, eu interrompia uma noite agradável que estava passando a sós com ela porque eles telefonavam pedindo que eu fizesse uma coisa qualquer. Minha mulher não conseguia entender por que eu tratava qualquer pedido ou convite da minha família como uma "ordem". Quando a família dela telefonava, ela geralmente dizia: "Desculpe, estou ocupada" sem pensar duas vezes. Eu sempre me sentia muito culpado para fazer qualquer coisa do gênero.

Analisando os seus sentimentos com relação ao envelhecimento dos pais, Alex compreendeu que tinha medo de que eles ficassem gravemente doentes ou mesmo de que morressem sem nunca dar a ele o amor incondicional e a aprovação que ele sempre quis. Alex não conseguia recusar nada que eles pedissem, pois ainda acreditava que algum dia ganharia essa aprovação sendo obediente.

Essa necessidade que temos da aprovação dos nossos pais vem da imagem vulnerável que o nosso ego faz de si mesmo e do medo que temos de ser abandonados. O nosso ego se sente ameaçado por qualquer sinal de reprovação, discórdia ou angústia — especialmente por parte dos nossos pais. Protegemos a nossa auto-imagem, o amor que temos dentro de nós ou até mesmo a nossa segurança. O nosso ego, ao longo de toda a vida, sente-se ameaçado se os nossos pais parecerem estar nos rejeitando de alguma maneira.

O fato de eles ficarem doentes ou não nada tem a ver com a maneira como tomamos conta de nós mesmos, mesmo que eles não aprovem as formas como decidimos fazer isso. Não podemos forçá-los a nos dar o que queríamos na infância e nunca conseguimos. *Podemos* nos livrar da sensação de ser responsáveis pela saúde, felicidade e bem-estar deles.

A CULPA E A VERGONHA

Quando ficamos adultos, passamos a questionar outros problemas de relacionamento que vêm da infância. Por exemplo, o relacionamento com os nossos irmãos pode afetar a nossa maneira de encarar os problemas das outras pessoas, quando somos adultos.

Rhonda diz que sempre se pega "se fazendo de boba", muitas vezes na tentativa de fazer os outros se sentirem mais inteligentes do que ela. Ela se sente culpada se souber uma resposta que os outros parecem não saber. Ela diz que a culpa e a vergonha a consumiam sempre que atingia um objetivo ou recebia algum tipo de reconhecimento pelo sucesso conquistado em qualquer área de sua vida. Ela também sente raiva por ser incapaz de se orgulhar dos seus sucessos e fica zangada quando os outros ignoram ou menosprezam as suas realizações. Quando analisou a sua família, Rhonda começou a entender de onde vinham esses sentimentos.

— O meu irmão tinha problemas de aprendizagem — ela explicou. — Naquela época não havia tantos programas especiais e de ajuda para esse tipo de problema como agora. A minha família cochichava que ele era um pouco "lento". Nós sempre tínhamos de tomar muito cuidado para não fazer ele se sentir burro ou mal consigo mesmo. Isso significava que quando eu tirava uma nota A na escola, ninguém prestava muita atenção, mas quando ele tirava C, todo mundo o elogiava todo o tempo.

Rhonda aprendeu a subestimar seu bom desempenho na escola e até a se sentir culpada por isso:

— Eu me sentia mal porque estudar era fácil para mim — ela disse. — Não participava de concursos e não me candidatava a bolsas de estudos que sabia que podia ganhar. Recusei algumas universidades particulares de prestígio e fui para uma pública que ficava mais perto, sem que isso fosse muito comemorado apesar de eu ser a primeira da família a ir para a faculdade. Quando consegui a bolsa de estudos, não contei a ninguém. Eu, na verdade, me sentia envergonhada por isso.

Agora que é adulta, Rhonda diz que os problemas das outras pessoas são motivo para ela se sentir culpada e envergonhada:

— Eu me sinto responsável pela felicidade e bem-estar dos outros — ela diz —, e acho que, bem lá no fundo, acredito que isso significa que não posso me sentir bem comigo mesma.

A culpa pelo sucesso

Muitos de nós se culpam pelo sucesso ou por não ter problemas em certas áreas da vida. Se crescemos com um membro da família que tinha alguma deficiência, que exigia grande parte do tempo, do dinheiro e da atenção da família, ficamos secretamente ressentidos e, conseqüentemente, nos sentimos culpados. Ter uma habilidade, um dom ou interesse especiais numa área em que alguém é fraco, gera culpa ou vergonha em nós.

Essa culpa ou vergonha é criada pelo nosso ego como reação ao fato de nos sentirmos ressentidos com o infortúnio de outra pessoa. Por que parece que os problemas das outras pessoas nos "agridem"? Porque a *imagem que temos de nós mesmos como uma pessoa boa fica abalada quando nos sentimos melhores do que alguém*. Lembre-se, o nosso ego só sabe atacar e se defender. Essas são as reações dele para *tudo*, até mesmo para coisas boas que nos acontecem ou que isso signifique sentimentos negativos como a culpa e a vergonha.

Nosso ego pode nos fazer sentir culpa e medo da perda, quando conseguimos alguma coisa que não estamos acostumados a ter ou que os outros ainda não têm. Peter é um empresário bem-sucedido que ficou muito rico trabalhando bastante e aprendendo um bocado sobre investimentos. Ele sempre fez questão de ganhar dinheiro de forma rigorosamente legal e ética. Mas diz que continua se sentindo culpado por ter conseguido sucesso e dinheiro:

— Vim de uma família relativamente pobre — ele diz.

— Nunca tivemos nada além do estritamente necessário e até isso, às vezes, era difícil de conseguir.

Peter diz que continua se sentindo culpado, porque há pobreza no mundo:

— Sei que por mais que eu faça, não poderei mudar isso — ele diz. — Não posso alimentar todas as pessoas que passam fome e isso realmente faz com que eu me sinta mal, às vezes. — Apesar de Peter ajudar a família e de dar contribuições generosas para instituições de caridade, ele diz que teme que o fato de ter dinheiro de alguma forma impeça que os outros o tenham.

— Sei que isso não é verdade — ele explica.

— *Sei* disso, mas não *sinto* dessa forma. O que sinto é que sou responsável por *todo mundo*. Por que eu deveria ter mais do que qualquer outra pessoa?

Muitos alcoólatras, viciados em drogas e co-dependentes que estão se reabilitando também sentem o mesmo tipo de culpa. Como podemos sentir alegria com a redescoberta da saúde e da felicidade enquanto outras pessoas continuam sofrendo? Como a vida pode se tornar boa para nós e continuar sendo tão horrível para os outros? Enquanto outras pessoas estiverem sofrendo em algum lugar ou de alguma maneira, como poderemos ser felizes sem pelo menos nos sentirmos mal sobre isso?

Não podemos compartilhar o que não temos

A culpa, o medo e a vergonha não fazem de nós pessoas boas. Esses sentimentos são simples jogos que o nosso ego faz para nos prender à infelicidade. Eles escondem o prazer puro do nosso espírito atrás do ataque e da defesa do ego. Como Jerry Jampolsky escreveu: "A culpa e o medo não podem conviver com o amor." No entanto, podemos deixá-los de lado e substituí-los por amor, paz, aceitação e alegria.

Descobrimos a nossa bondade dentro do nosso verdadeiro eu, no nosso espírito — e não na culpa, na vergonha ou na autonegação. Vivemos com ternura, generosidade e amor quando somos guiados pela nossa sabedoria interior e não pelo medo que o nosso ego sente. A culpa e a vergonha que sentimos não diminuem as dificuldades de ninguém e só criam problemas para nós.

Devemos lembrar que podemos compartilhar amor, paz, plenitude, alegria, compreensão e perdão com os outros somente quando estamos em contato com essas qualidades dentro de nós mesmos. Elas estão sempre ao alcance de todos nós no nível do espírito, mas os pontos de vista negativos como a culpa e a vergonha nos mantêm concentrados no nível do ego, que é incapaz de senti-los. *O nosso bem-estar e desenvolvimento espiritual são os fatores que nos tornam de fato capazes de ajudar e amar os outros.*

A PREOCUPAÇÃO

A preocupação nos dá a ilusão de que estamos realmente agindo, fazendo alguma coisa para resolver ou evitar um problema. Na realidade, tudo o que estamos fazendo é incitar a nossa ansiedade, criando uma tensão negativa dentro de nós. É como atolar as rodas na areia — parece que estamos a pleno vapor, mas na verdade, não estamos indo para lugar nenhum. A preocupação é um grande divertimento para o ego, embora não faça nenhum sentido para o espírito.

Podemos nos preocupar com tudo, desde os problemas que o nosso parceiro enfrenta no trabalho até a economia mundial. Podemos nos preocupar com os filhos dos nossos vizinhos ou com a guerra num país distante; com coisas terríveis que jamais aconteceram e que nunca vão acontecer; com o que os outros deveriam ou não deveriam pensar, sentir, querer, ter ou fazer.

Quando nos preocupamos com os problemas das outras pessoas, estamos deixando de confiar nelas e no Poder Superior que elas têm para resolver as coisas. Estamos dando as costas para a esperança e para a fé naturais do nosso espírito e exercitando a tentativa inútil do ego de controlar as outras pessoas e os acontecimentos. Nós também estamos evitando pensar de maneira construtiva sobre nós mesmos e sobre os nossos problemas. A preocupação é realmente uma perda de tempo e energia, mas em geral é como reagimos aos problemas das outras pessoas. Podemos pensar em tudo que poderia dar errado com os nossos pais, filhos, cônjuges, namorados, amigos e colegas de trabalho. Achamos que toda essa preocupação os ajude de alguma maneira, ou que pelo menos prove que nos importamos com eles. Aos nossos olhos, que a preocupação é uma coisa natural e que não podemos controlar.

Podemos aprender a ver a diferença entre zelo e preocupação inútil. Podemos deixar de lado a ansiedade com relação ao que pode acontecer com aqueles que amamos e voltarmos a nossa atenção para as verdadeiras escolhas e problemas que temos de enfrentar. Podemos abandonar o medo que o ego sente e substituí-lo pela fé, esperança, amor e confiança do nosso espírito.

O CASAMENTO

O casamento e outros tipos de compromissos afetivos costumam nos deixar confusos com relação aos nossos limites pessoais. Se "o que é meu é seu e o que é seu é meu", isso também se aplica aos problemas? Os problemas profissionais do nosso parceiro é problema *nosso*? Somos responsáveis pelos vícios das pessoas que amamos, pela forma como elas se relacionam com os outros, por sua saúde e sua felicidade?

O convívio diário com o nosso parceiro pode nos fazer sentir envolvidos em cada aspecto da vida dele. Mas há uma diferença entre se interessar por outra pessoa, compartilhar da vida dela e ser responsável. Podemos expressar os nossos sentimentos, dar ao outro a chance de se abrir, ser compreendido e amparado. Mas não podemos solucionar cada problema que ele tem ou controlar as suas escolhas e sentimentos.

O parceiro superprotetor

Ben e sua mulher, Rosemary, decidiram logo no início do relacionamento não ter filhos e se dedicar às suas respectivas carreiras:

— Rosemary é realmente muito dedicada ao seu trabalho — comenta Ben. — Quando volta para casa à noite ela sempre tem muito o que falar sobre o que aconteceu no escritório e as decisões que teve que tomar. Eu realmente me interesso pelas coisas que ela faz, pensa e sente. Por isso, quando ela me fala sobre o seu trabalho, eu costumo dar opiniões e conselhos. Às vezes dou conselhos que acho que podem ajudá-la. Outras vezes, quando alguém a trata mal, eu logo fico zangado e quero telefonar para o responsável, mas Rosemary não deixa. Ela fica zangada quando eu me deixo envolver demais pelos problemas dela. Eu simplesmente não entendo. Ela não quer que eu me envolva e me interesse pelo seu trabalho?

Rosemary diz que Ben não ouve realmente o que ela diz; que ele simplesmente reage aos fatos:

— Quando volto para casa depois de passar o dia todo no escritório, eu quero alguém com quem eu possa conversar, e não alguém que resolva todos os problemas para mim — ela explica. — Não preciso de alguém que me proteja ou me dê conselhos; preciso de um amigo, um amante, um marido. Às vezes, preciso ouvir alto os meus pensamentos. Às vezes, preciso desabafar. Às vezes só preciso dividir o que estou sentindo com alguém em quem confie. Se quisesse ajuda ou conselho, eu pediria.

Os pensamentos e sentimentos que o nosso parceiro e as pessoas que amamos expressam são *dádivas*. São as jóias da proximidade e da intimidade. Se tentarmos controlá-los, estaremos traindo essa intimidade. Estaremos tirando algo da pessoa que amamos, em vez de vê-la como uma pessoa plena, completa e responsável. Agindo assim, podemos até destruir o nosso relacionamento.

Rosemary diz que não confia mais a Ben os seus pensamentos e sentimentos.

Ela diz: — Se eu não puder lhe contar as coisas sem que ele julgue tudo o que digo, ou que me diga o que devo fazer, ou mesmo que fale para alguém o que digo, então não posso contar mais nada a ele.

Mas se Ben aceitar as coisas que Rosemary contar a ele, ouvi-la com atenção, sem fazer julgamentos, e deixar de tentar controlar a mulher e a vida dela, eles poderão restabelecer a confiança um no outro.

As pessoas que amamos não precisam de nós para salvá-las. Elas não precisam da nossa interferência ou do nosso controle. Não precisam que tomemos conta dos seus sentimentos, das suas escolhas ou das suas ações. Elas precisam da nossa atenção, respeito, apoio e aceitação. Elas precisam que nós as ouçamos e que as abracemos quando estiverem felizes ou tristes. Elas só precisam do nosso amor.

LIMITES NO TRABALHO

Os nossos relacionamentos familiares e amorosos não são os únicos em que nos deixamos afetar pelos problemas das outras pessoas. No trabalho, geralmente nos envolvemos com os problemas dos outros, fazendo trabalho extra para eles, ouvindo suas queixas (e ficando chateados com elas), ou mesmo tolerando os seus abusos.

Nossas verdadeiras responsabilidades são, em geral, mais claramente definidas no trabalho do que em qualquer outra área da nossa vida. Assumir os problemas das outras pessoas, no ambiente de trabalho, só compromete a nossa capacidade de cuidar das nossas próprias responsabilidades e nos enche de raiva e ressentimento. Mas é no trabalho que, a nosso ver, temos menos poder de dizer não. Ficamos com medo de perder o emprego ou prejudicar a nossa imagem de funcionário eficiente, por isso, dispomo-nos a assumir responsabilidades extras e a concordar com os outros.

Estabelecer alguns limites é tão necessário na vida profissional quanto em qualquer outro aspecto da nossa vida. Se sentimos que abusam de nós, precisamos analisar o que estamos sacrificando para manter o emprego. A nossa serenidade? O respeito que sentimos por nós mesmos? A nossa paz de espírito e verdadeira felicidade? Se decidirmos não sair do emprego, temos que decidir como vamos proteger esses aspectos.

A nossa serenidade e paz de espírito estão dentro de nós. Podemos optar por mantê-las intactas, apesar do comportamento ou dos problemas das outras pessoas. No entanto, temos de fazer algum esforço para nos livrar do sentimento que os ataques e os problemas dessas pessoas causam ao nosso ego e nos voltar para o ponto de vista sereno do nosso espírito. Olhar os fatos desse ponto de vista pacífico não significa tolerar os abusos ou os problemas dos outros. Significa reconhecer que os problemas deles não são nossos e que podemos ficar bem se não tentarmos resolver esses problemas ou deixar que eles nos prejudiquem.

Mas de quem é mesmo esse problema?

Quando analisamos o nosso comportamento, no que diz respeito aos problemas das outras pessoas, precisamos sempre nos perguntar: *De quem é esse problema? Quem realmente tem o direito, a responsabilidade e o poder de fazer essa escolha?*

Não é irresponsabilidade ou crueldade esperar que as outras pessoas resolvam os próprios problemas. Não é egoísmo ou falta de consideração nos concentrarmos em solucionar os nossos. Mas, às vezes, é difícil resistir a toda a falta de bom senso do ego e definir com clareza de quem é exatamente o problema. Isso em geral acontece porque alguns problemas causam outros e então ficamos confusos sobre que problema é nosso.

Parte dessa dificuldade vem da vontade que o nosso ego tem de *culpar*. Podemos ficar obcecados em descobrir quem pode ter *causado* os problemas, em vez de procurar saber quem tem a responsabilidade de resolvê-los *imediatamente.* Culpar os outros por criar os nossos problemas não vai solucioná-los. Se as escolhas que alguém fez estão causando problemas para nós, temos de decidir quais são os problemas que nós temos de resolver.

Por exemplo, se uma pessoa é viciada, isso é problema *dela*, mesmo que seja alguém que amamos. Ela é realmente a única pessoa que pode decidir como lidar com esse vício. Mas se ela abusa de nós de alguma maneira, ou se o seu vício causa alguma conseqüência negativa sobre nós, é *nosso* problema decidir o que precisamos fazer para nos poupar. Nesse caso, tentar curar ou controlar o vício é ultrapassar os limites da nossa responsabilidade; no entanto, romper um relacionamento abusivo ou conseguir ajuda para nós mesmos não é.

As pessoas que são afetadas pelo vício de outra pessoa devem parar de se preocupar com ela e cuidar de si mesmas, e isso também vale para *todos* os nossos relacionamentos. Nós precisamos:

- analisar todos os problemas e escolhas para descobrir quais deles realmente *não* são nossos,
- deixá-los de lado, e
- voltar nossa atenção e esforços para os problemas que temos de resolver ou para as decisões que precisamos tomar.

Tomar conta de nós mesmos

Viver a partir do nosso espírito, e não do nosso ego, não significa que temos de assumir os problemas de todo o mundo. Não temos que "manter a paz" para ter paz de espírito. Podemos continuar fazendo valer os nossos direitos, respeitando-nos e tomando conta de nós mesmos, sejam quais forem as maneiras que realmente contribuam para aumentar o nosso bem-estar e a nossa verdadeira felicidade. Se para nós isso parece ser "egoísmo", precisamos lembrar que a nossa verdadeira felicidade e bem-estar são frutos de relacionamentos harmoniosos, do amor que sentimos por nós mesmos e pelos outros e do fato de deixarmos de lado o medo que o ego sente.

Para manter um relacionamento amoroso, não precisamos nos preocupar com os problemas do parceiro ou tentar resolvê-los. Se vemos isso como um aspecto normal do amor, talvez estejamos confundindo amor com projeção. Talvez vejamos o que a outra pessoa deveria fazer porque trata-se de algo que precisamos fazer na nossa própria vida. Talvez tenhamos medo de encarar os nossos próprios problemas, por isso deixamos que o nosso ego nos convença de que resolver o problema do outro pode nos ajudar a evitá-los e, ao mesmo tempo, a nos tornar pessoas boas.

O problema é que, quaisquer que sejam os nossos problemas, eles não desaparecem porque não estamos prestando atenção neles. Na verdade, eles costumam ficar piores. O nosso ego nos convence de que, se realmente uma pessoa nos ama, ela assumirá os nossos problemas e os resolverá para nós. Mas o resultado final de toda essa confusão simplesmente é que *não conseguimos resolver os problemas das outras pessoas, e os nossos próprios problemas não são resolvidos por causa da nossa negligência.*

Isso não significa que nunca podemos ajudar ou receber ajuda. Mas o amor também não significa: "Eu resolvo os seus problemas e você resolve os meus." Amar o outro significa: "Eu vou respeitar e apoiar você, me interessar pela sua vida e ajudá-lo se eu puder, mas não posso cuidar dos seus sentimentos, escolhas ou problemas." Amar a nós mesmos significa: "Eu sou responsável pelos meus próprios sentimentos, escolhas e problemas e por procurar a ajuda de que preciso."

Paz de espírito num mundo cheio de problemas

Todo o mundo tem problemas. Todos deparamos com pessoas cheias de problemas na nossa vida cotidiana. Às vezes, graças à mídia moderna, tomamos conhecimento de todos os tipos de problemas de todos os tipos de pessoas que jamais conheceremos ou que nada têm a ver conosco. Como Hugh Prather escreve: "Temos uma visão estática de um mundo sempre aflito e atormentado."

Como podemos entender quais são os problemas a respeito dos quais podemos realmente fazer algo e quais são os problemas pelos quais nada podemos fazer e, portanto, é melhor deixarmos para os outros? Como podemos evitar que os problemas, as decisões e a falta de serenidade das outras pessoas nos afetem? Às vezes, outras pessoas nos abordam diretamente com os seus problemas; às vezes, parece que saímos por aí procurando problemas para resolver e, outras vezes, simplesmente acontece de nos depararmos com alguém que está contando sobre seu problema ou passando por um. Pode ser qualquer tipo de problema, mas um problema que comumente deixamos que nos afete é a falta de serenidade da outra pessoa.

A perda da paz de espírito de Katherine

Katherine cresceu numa comunidade muito religiosa. Ela ajudava nas escolas católicas, e dizia:

— Todas as menininhas queriam ser freiras quando crescessem e todos os menininhos queriam ser padres. — A devoção dessas crianças era verdadeira e inocente.

— Eu vivia realmente muito envolvida com a coisa toda — Katherine lembra-se. — Saía da missa com um sentimento profundo de paz espiritual e proximidade com Deus.

Num domingo de verão, depois da missa, Katherine saiu da igreja com a família:

— Normalmente eu ficava lá em cima, cantando no coral até que a maioria das pessoas tivesse saído. Mas naquele dia, sentei-me com minha família porque estava com dor de garganta e não podia cantar. Desci os degraus da igreja em direção à calçada, onde as pessoas estavam conversando em pequenos grupos. Havia ali algumas senhoras vestidas com roupas e chapéus realmente sofisticados — senhoras da congregação que nós, meninas, tínhamos de respeitar, pois, além de esposas e mães, elas eram voluntárias da igreja — que faziam comentários sobre as outras pessoas. Diziam mais ou menos isso: "*Ah, você viu isso e aquilo? Você pode acreditar no que ela estava vestindo? Ah, eu sei! E ela sempre vai direto sentar na frente, para que todo mundo possa vê-la. Que coisa! Ter outro filho com a idade que ela tem! Você sabe que a primeira filha dela ficou grávida quando estava no segundo grau...*" — a minha paz e serenidade acabaram. Eu levei um tombo e caí no mundo real, num mundo de fofocas rancorosas, pelas costas e mesquinhas. Fui para casa e chorei. Nunca vou me esquecer disso.

Katherine lembra-se desse incidente com clareza porque, pelo que se lembrava, essa fora a primeira vez que a falta de paz e serenidade de outra pessoa a afetara tanto. Como era jovem, ela ficou chocada com o fato de que as pessoas pudessem sair da igreja, onde haviam acabado de rezar e cantar músicas que falavam sobre Deus, amor, alegria e paz, e imediatamente começar a fazer fofoca. A experiência marcou a perda de inocência de Katherine, que compreendeu que nem todos se sentiam tão perto de Deus como ela na igreja e nem sempre vivem de acordo com o que pregam e rezam.

Nós, adultos, sabemos disso. Temos experiência suficiente para saber que o mundo e as pessoas não são perfeitas. Mas, em vez de aceitar isso e continuar em paz, em geral deixamos que os jogos do ego das outras pessoas acabem com a nossa serenidade. Reagimos com medo, com raiva, com decepção e até com desespero, quando somos mais uma vez lembrados dos problemas das outras pessoas.

A HORA DE SER FELIZ É AGORA

Não podemos deixar para mais tarde a descoberta e a preservação da nossa verdadeira paz e serenidade interior. Nunca haverá um momento perfeito e apropriado para fazermos isso. Vamos ter de esperar *para sempre* se quisermos um mundo onde ninguém fique de mau humor ou espere que resolvamos os seus problemas. Em vez de esperar por um mundo perfeito, podemos fazer de tudo para que ele se aproxime um pouco desse ideal, cuidando das nossas próprias convicções, objetivos e comportamentos. Podemos contribuir para a paz e a serenidade mundiais, com amor e atenção, mantendo-nos em paz e serenos.

Não temos de resolver os problemas das outras pessoas, ou mesmo todos os problemas que surjam entre nós e os outros. Por exemplo, se não gostarmos de como os nossos pais continuam nos tratando, não temos que sentar e tentar eliminar essas dificuldades fazendo um acordo com eles sobre as mudanças que o nosso relacionamento com eles sofrerá. Isso pode ou não ser possível, dependendo de vários fatores e, pelo menos parcialmente, das escolhas *deles*. Mas temos que olhar os *nossos* sentimentos, com cuidado e honestidade, e procurar resolvê-los. Então, podemos tomar algumas decisões sobre o que precisamos fazer para cuidar de nós mesmos, ter paz, felicidade e bem-estar.

Descarregando a nossa raiva nos outros *não* estaremos cuidando de nós mesmos ou cultivando a nossa paz, felicidade ou bem-estar. Mesmo quando expressamos com ponderação o que sentimos, corremos o risco de não ser verdadeiramente ouvidos e compreendidos. As pessoas geralmente ouvem e enxergam o que querem. Elas podem se negar a compreender o que estamos falando. Tudo o que podemos fazer é deixar de lado as opiniões, pensamentos, sentimentos e atitudes das outras pessoas e nos concentrar nos nossos.

A maneira como os problemas das outras pessoas nos afetam sempre é escolha nossa. Se examinarmos as nossas convicções, objetivos e atitudes de forma *pragmática*, poderemos optar por aqueles que nos ajudem a promover a nossa verdadeira saúde, felicidade e bem-estar. Podemos aprender a ver os problemas das outras pessoas com amor e imparcialidade. Podemos ajudá-las de maneira saudável e afetuosa, sem tentar realizar o impossível. Podemos confiar nos outros, deixando nas mãos deles tudo o que não podemos controlar e não é de nossa responsabilidade. Podemos ter fé na capacidade do nosso Poder Superior para ajudá-los. E podemos esperar pelo melhor.

Exercícios

Exercício Um

Faça uma lista das pessoas importantes no seu dia-a-dia. Agora faça uma lista das maneiras como os problemas delas afetam você e as emoções que eles lhe despertam (vergonha, medo, preocupação, ansiedade, raiva ou culpa).

Tendo em vista a ruptura que existe entre o ego e o espírito dentro de você e dos outros, quais são as reações do seu ego? O seu espírito reagiria de modo diferente? Identifique os sentimentos e atitudes de ataque e de defesa. Que sentimentos e atitudes serão melhores para você atingir a verdadeira paz interior e felicidade?

Exercício Dois

Identifique as suas tendências para se preocupar. Quando, onde e com quem você se preocupa? Que efeito essa preocupação tem sobre você? Ela resolve o problema ou evita que o pior aconteça? Identifique a diferença entre a preocupação e a solução construtiva do problema. Agora deixe para trás a preocupação em todos os aspectos da sua vida. Visualize-se deixando as preocupações aos cuidados do seu Poder Superior.

Capítulo Seis

O Sucesso das Outras Pessoas

A comparação é a morte da verdadeira satisfação consigo mesmo.

— John Powell

Podemos reagir de muitas maneiras às vitórias, sucessos e conquistas das outras pessoas. Embora queiramos ou finjamos nos sentir felizes por elas, os nossos verdadeiros sentimentos em geral são ressentimento, raiva, medo, inveja ou depressão. A nossa auto-estima é afetada pelas comparações que fazemos entre nós e os outros. Nós nos sentimos assim até mesmo quando as pessoas a quem amamos ou de quem nos sentimos próximos atingem um objetivo ou recebem uma ajuda inesperada.

Por que reagimos tão negativamente a fatos tão positivos? Porque o nosso ego se sente ameaçado por qualquer sucesso que não seja o dele. Quando alguém conquista alguma coisa, o ego sente-se agredido, como se alguma coisa tivesse sido tirada dele. O ego sempre nos compara aos outros, julgando nossas conquistas e fracassos em comparação às conquistas e fracassos alheios. Isso nos enche de medo e nos faz pensar que precisamos nos defender.

Ficamos com medo de perder o emprego ou o cargo que ocupamos, quando um colega de trabalho ganha uma promoção. Ficamos ressentidos com o vizinho por ele ter conseguido comprar um carro novo, enquanto penamos com o nosso velho automóvel. Acreditamos que a pessoa que namoramos ou com quem estamos casados nos deixará se for mais bem-sucedida do que nós financeira, emocional, intelectual ou socialmente. *Sabemos* que esses sentimentos são infundados ou irracionais, mas mesmo assim continuamos a *senti-los*.

Todas essas reações ao sucesso das outras pessoas enfurecem o ego e acabam com a nossa paz e felicidade. Como Jerry Jampolsky escreveu: "Não há espaço para a paz de espírito ou para o amor em nosso coração quando o ego nos diz para darmos mais valor à raiva e ao ódio." Se nos lembrarmos de que todos temos um ego que vê o mundo como algo limitado enquanto há tanto sucesso e felicidade para conquistarmos, podemos compreender essas reações. Mas também podemos superá-las. Podemos deixar de lado as convicções, os medos e as inseguranças equivocadas do ego.

Para compreendermos as reações que o ego tem à sorte e ao sucesso dos outros, é preciso que primeiro olhemos as experiências que vivemos na infância, para ver onde essas reações começam. Quando analisamos as nossas primeiras experiências e identificamos as características do ego que vive dentro de nós, podemos ver com mais clareza como os sentimentos e atitudes que temos agora são conseqüência delas.

Aprendemos desde muito pequenos a nos compararmos constantemente às outras pessoas. Enquanto crescemos, geralmente nos vemos competindo com nossos familiares ou colegas de escola por atenção, dinheiro, coisas materiais, dignidade, prestígio e até amor. É provável que essa seja a origem do medo que sentimos do sucesso das outras pessoas.

A PRIMEIRA RIVALIDADE

Os nossos irmãos em geral são os nossos primeiros rivais. Competimos pela atenção e afeição dos nossos pais e descobrimos como fazer para ganhar a aprovação deles. Ficamos ressentidos com os nossos irmãos mais novos quando eles roubam de nós o tempo e a energia dos nossos pais. Criamos situações ou nos vingamos, tratando os nossos irmãos mais novos de uma maneira que não corresponde exatamente ao que chamamos de "amor fraterno".

Se os pais costumam comparar os filhos, isso pode dar origem a mágoas profundas. Colocamos esses sentimentos para fora atacando os nossos irmãos mais novos abertamente ou de maneira mais sutil. Talvez, ao ver nosso irmão ser elogiado por agir de uma determinada forma, tenhamos resolvido nos comportar da maneira exatamente oposta. É bem provável que tenhamos tentado chamar atenção simplesmente sendo "travessos".

Pode ser que tenham nos designado um papel para desempenhar dentro da nossa família que permitia que a imagem que fazíamos de nós mesmos como pessoas boas fosse repleta de constantes realizações. Mas também pode ser que tenham nos designado um papel que não nos levou a realizações e sucessos. Às vezes, o nosso papel na família foi o de "gozador" ou o de "preguiçoso" ou o de "engraçadinho mas bobo". Esses tipos de papel podem nos fazer sentir como se certos tipos de realizações e sucessos simplesmente não fossem para nós e, conseqüentemente, sentimo-nos ressentidos com as outras pessoas que conseguem atingi-los.

A nossa família pode ter determinado a maneira como vemos todos os outros grupos de que fizemos parte posteriormente, e como nos relacionamos com eles. Pode ser que tenhamos desenvolvido métodos para chamar a atenção ou nos sentir bem-sucedidos que eram destrutivos ou contraproducentes. Ainda devemos ter antigas fitas rodando em nossa mente dizendo coisas como *Por que você não pode ser assim ou assado?* Reagimos à felicidade e ao sucesso de outra pessoa lamentando: *E eu?*

Os irmãos mais velhos em geral acham que os pais dão aos mais novos mais privilégios ou liberdade mais cedo do que eles tiveram. Em geral isso acontece porque, com o tempo, os pais adquirem mais experiência no modo de lidar com os filhos. Sarah diz que quando tinha dezesseis anos os pais tentaram compensar as aparentes regalias que suas irmãs mais novas foram conquistando aos poucos dando um quarto só para ela e desobrigando-a das tarefas domésticas que eram de sua responsabilidade. Sarah conta:

— O que me pareceu mais injusto nisso tudo foi que eles dividiram tudo o que eu tinha de fazer sozinha entre minhas três irmãs. Cada uma tinha que fazer *um terço* daquilo que eu fazia sozinha — *e elas reclamavam!* Isso simplesmente não parecia justo e eu fiquei realmente zangada quando elas tiveram o atrevimento de reclamar.

Não só os filhos mais velhos sentem esse tipo de injustiça e opressão. Os filhos mais novos sentem uma enorme pressão para que sigam os passos dos irmãos mais velhos. Em geral, eles têm talentos ou interesses diferentes, mas isso não é valorizado ou aceito pela família. Eles simplesmente esperam que respeitem a individualidade deles.

Experiências familiares como essas podem afetar a nossa vida adulta. Elas ensinam o nosso ego a temer e a esperar um tratamento injusto e, conseqüentemente, fazem com que sintamos inveja e ressentimento com relação aos outros. O nosso espírito pode nunca ter a chance de nos mostrar que podemos nos sentir a salvo, seguros e felizes independentemente do que os outros tenham ou realizem.

OUTROS PROBLEMAS
RELATIVOS AOS PAIS

Nunca existirão pais perfeitos. Pode ser que os nossos, inconscientemente, tenham nos feito começar a sentir, já na infância, que não merecemos o sucesso e a ficar ressentidos com o sucesso das outras pessoas. Talvez tenhamos aprendido a reprimir nosso desejo de ser respeitados e apoiados em nossas realizações, se não tivemos esse tipo de apoio e respeito dos nossos pais. Essa necessidade reprimida pode aparecer mais tarde, na forma de inveja e de ressentimento com relação aos outros.

Quando estava no colegial, pediram a Brad para fazer um discurso numa cerimônia de formatura. Essa era uma grande honra, dada somente a um único estudante, em toda a escola, a cada ano. Brad ficou orgulhoso e satisfeito por ter sido escolhido. Ele sentiu que todo o esforço que tinha feito na escola estava sendo reconhecido e valorizado.

— Fiquei realmente nervoso com isso — Brad diz. — Mas eu ensaiei muito o discurso e dei o melhor de mim. Acho que me saí muito bem.

Depois da cerimônia, os amigos, os professores e a família de Brad o parabenizaram pelo discurso:

— Eu me senti realmente orgulhoso e queria que meus pais sentissem orgulho de mim também. Eu realmente precisava da aprovação e dos elogios deles. Mas a primeira coisa que a minha mãe disse para mim foi:

"Por um instante, achamos que você fosse se estender demais — você sabe, como costuma fazer —, mas acabou tudo bem."

O comentário da mãe roubou de Brad o sentimento de sucesso e de orgulho:

— Foi realmente um banho de água fria. Me senti um idiota. Não parava de pensar sobre a impressão que eu passava, sobre o que eu dissera. Eu me senti péssimo.

— Talvez não tenha sido intencional — Brad reflete agora. — Mas o que a minha mãe fez foi tirar de mim aquele importante momento de sucesso. Ela simplesmente não me deixou sentir prazer com o que fiz. Nunca me senti bem diante de qualquer tipo de recompensa ou realização depois disso. Eu realmente sentia que não as merecia, como se elas pudessem ser tiradas de mim se eu me sentisse no direito de conquistá-las ou me alegrasse muito com elas.

Quando os nossos pais não nos dão o respeito e o apoio de que precisamos nas nossas realizações, podemos não conseguir mais sentir prazer com o nosso sucesso. Também desenvolvemos um sentimento parecido no que diz respeito ao sucesso das outras pessoas e ao prazer que elas sentem com isso. Somos contagiados pelo medo que o ego sente de que os bons sentimentos possam e sempre serão tirados de nós. Não nos deixamos viver a alegria que o nosso espírito sente com as nossas realizações e com as dos outros.

A ESCOLA

Mesmo que não tenhamos irmãos mais novos ou que tenhamos recebido um tratamento absolutamente imparcial dos nossos pais, aprendemos, na escola, rapidamente a nos comparar e a competir com os outros. Infelizmente, até hoje não criamos um sistema educacional que não nos julgue ou compare constantemente o aluno com os colegas. Como a criança passa grande parte da vida na escola, passamos muito tempo nesse ambiente competitivo.

A alegria de aprender coisas novas, de explorar todos os fascinantes aspectos da matemática, da ciência, da linguagem e das artes pode ter se perdido na corrida por pontos positivos e notas altas. O desenvolvimento das capacidades e habilidades tornou-se menos importante do que as premiações. O acúmulo de conhecimento deu lugar à busca por recompensas.

Matthew diz que deixou a universidade quando ainda era um calouro porque ficou "enjoado com todo o método de classificação e com a falta de sentido de tudo aquilo". Ele explica:

— Quando você tem dezoito anos, passa o tempo todo na escola, sendo constantemente avaliado e comparado aos outros rapazes. Eu era inteligente e sempre me saí bem, mas toda aquela pressão acabou com o prazer — e o *interesse* — que eu tinha em aprender.

Depois de deixar a universidade, Matthew viajou muito, teve vários tipos de emprego e "lia vorazmente". Ele diz:

— Sempre adorei os livros. Desde que me entendo por gente, os livros sempre foram um dos grandes prazeres da minha vida. A escola quase acabou com esse meu prazer. Quando estava trabalhando numa fábrica ou como motorista de táxi, sempre carregava um livro comigo. Eu redescobri o prazer de aprender.

Matthew voltou para a universidade com 26 anos e se formou com distinção aos 30.

— Dessa vez — ele diz —, eu estava lá por mim mesmo. Não ligava para as classificações ou me comparava aos outros estudantes. Só *apreciava* todas as novas idéias e conhecimento que podia aprender.

— O que as pessoas parecem não perceber é que mesmo quando a criança só tira a nota máxima, isso não significa necessariamente que ela sairá da escola com uma auto-estima elevada. Às vezes, acontece o contrário; isso dá a ela um enorme sentimento de competitividade — uma sensação de que a sua auto-imagem depende de todos esses prêmios e símbolos tolos. Ela nunca consegue se sentir bem só *aprendendo* ou sendo ela mesma.

Esportes e jogos

Na infância, também aprendemos a ver os esportes e os jogos como exercícios de conquista, em vez de provas de habilidade e divertimento. Aprendemos, rapidamente, que o único prazer em jogar é vencer. Não levou muito tempo para que eu visse que "a agonia da derrota" tinha de ser evitada a todo custo. Muitos de nós simplesmente não praticamos mais esportes se, logo que começamos, percebemos que não seremos uma grande estrela do time.

Até mesmo os nossos pais e professores nos estimulam a pensar que os adversários são sempre ruins ou que eles não merecem o nosso respeito, simplesmente porque estão do outro lado. Muitos de nós nem sequer aprenderam a *agir como* um bom desportista, nos sentindo ou não assim. E isso é lamentável, pois o jogo do Faz de Conta pode vir a se tornar um hábito. Quando isso acontece, podemos amadurecer o sentimento verdadeiro de felicidade pelo sucesso dos outros e jogar pelo simples prazer de jogar.

O motivo de fazermos esportes e participarmos de jogos é, em geral, obscurecido pelo nosso sentimento exacerbado de competição. Os jogos de raciocínio e estratégia foram desenvolvidos nos primórdios da história da humanidade. Esses jogos nos dão a oportunidade de admirar as habilidades físicas e mentais das outras pessoas e de nos alegrarmos com elas. Eles nos proporcionam atividades comunitárias e recreativas para praticarmos juntos. Eles nos proporcionam diversões em meio à rotina de trabalho.

Mas, hoje em dia, os jogos e os esportes em geral parecem repletos das mesmas situações de *stress* e pressão de que precisamos nos livrar. Passamos a vê-los mais como uma tarefa desagradável e árdua do que como um jogo. Investimos neles como se a nossa auto-imagem e o nosso bem-estar emocional dependessem deles. Deixamos o ego estragar o divertimento de todas as atividades recreativas a que nos dedicamos.

Podemos reaprender a sentir prazer com os esportes e com os jogos em qualquer idade. Tudo o que temos que fazer é reconhecer a visão equivocada e receosa do ego de que precisamos ganhar, e que a vitória das outras pessoas é uma ameaça para nós. Podemos nos livrar dessas ilusões e começar a apreciar os esportes e jogos mais do que nunca. O nosso espírito pode comandar as nossas atitudes e ações nesse aspecto da vida, como em todos os outros, e nos mostrar o prazer da verdadeira brincadeira.

A IMAGEM QUE FAZEMOS DE NÓS MESMOS

O elemento básico que nos permite ficar contentes com a felicidade e o sucesso das outras pessoas é a nossa própria auto-imagem.

Se estivermos repletos de paz interior e felicidade, como o sucesso das outras pessoas poderá nos afetar negativamente? Se estivermos seguros e autoconfiantes, como o sucesso das outras pessoas poderá nos ameaçar? Se soubermos que somos muito mais do que as nossas conquistas e sucessos materiais, por que os compararíamos aos das outras pessoas?

O nosso espírito não se importa com nenhuma dessas coisas. Ele está sempre em paz e feliz. Ele nunca nos compara aos outros; alegra-se com *todas* as verdadeiras felicidades e sucessos, indiferentemente de quem pareça conquistá-los. Ele sabe que não é ameaçado por nada de bom que aconteça com alguém ou para alguém. Ele jamais concebe esse pensamento assustador.

Se vivermos à sombra do medo e da separatividade do nosso ego, não nos sentiremos de outra maneira senão ameaçados pelo sucesso alheio. Mas o nosso espírito sabe da sua unidade com todos os outros e, portanto, pode somente compartilhar da alegria, do sucesso, do bem-estar e da felicidade verdadeiros das pessoas. Podemos trazer para a consciência esse sentimento de unidade com as outras pessoas. Podemos nos sentir bem com o sucesso dos outros.

Kevin descobriu a auto-imagem do seu ego quando sua mulher tornou-se mais bem-sucedida financeiramente do que ele:

— Nunca pensei que me tornaria como esses caras que se sentem ameaçados por terem uma mulher que ganha mais — ele diz. — Mas agora percebo que, quando pensava nisso, eu achava que não havia muita chance de isso realmente acontecer comigo. Eu era mais velho que minha mulher, tinha mais diplomas e experiência profissional, então, parecia lógico que eu sempre ganharia mais dinheiro do que ela.

Quando sua mulher quis sair do emprego e abrir o seu próprio negócio, Kevin deu todo apoio. Ele conta:

— Eu imaginava que podia facilmente nos sustentar com os meus rendimentos e que, se ela queria ter um pequeno passatempo, eu concordaria. Mas o "pequeno passatempo" rapidamente se transformou num negócio bem-sucedido e lucrativo.

— Eu jamais poderia imaginar que ela fosse uma empresária tão boa — Kevin diz. — Depois do primeiro ano, a empresa dela estava no vermelho e, depois do segundo, ela estava trazendo para casa duas vezes mais dinheiro do que eu. Eu fiquei arrasado. E a tratava muito mal. Em vez de apoiá-la e de ficar orgulhoso com a sua conquista, eu reclamava o tempo todo. Ficava zangado porque ela não ficava mais em casa como de hábito. Eu menosprezava o trabalho dela e geralmente agia como uma criança mimada.

— Para as outras pessoas eu dizia que estava feliz com o sucesso da minha mulher. Falava que adorava o dinheiro extra e fazia brincadeiras sobre sair do emprego e viver à custa dela, que agora estava rica. Mas por dentro eu estava atormentado. Eu me odiava. Sentia como se o equilíbrio entre nós tivesse acabado e que toda a minha auto-imagem estivesse destruída. Eu não sabia mais quem era. Olhava para a casa, via em todos os lugares as coisas que ela comprara com o dinheiro *dela* e me sentia um fracassado.

O ego de Kevin o convenceu de que a imagem que fazia de si mesmo dependia do fato de ele sustentar a família. Quando não era mais necessário que ele cumprisse essa função, sentiu-se inútil e amedrontado. Com o sucesso da mulher, ele perdeu a noção do amor e da alegria do espírito e deixou que o ego determinasse a sua auto-imagem.

Quando respondemos à pergunta *"O que eu sou?"* com a convicção, a confiança e a invulnerabilidade do nosso espírito, podemos aceitar o sucesso dos outros com alegria. Quando sabemos que há muita coisa boa para se conquistar, podemos ficar contentes pelos outros, quando parece que eles conseguiram um pouco do que há para ser conquistado. Quando estamos abertos para aceitar os nossos próprios sucessos, ninguém pode tirar isso de nós.

Podemos começar entendendo que a auto-imagem do ego é muito diferente da do espírito. Podemos aceitar as defesas e o medo do nosso ego porque essa é a única maneira pela qual ele enxerga o mundo. Podemos começar usando o poder que temos de afastar nossa mente da auto-imagem do nosso ego e fazê-la se voltar para a do nosso espírito. Esse poder é a chave para aprendermos a aceitar o sucesso das outras pessoas e até a sentir alegria com ele.

A INVEJA E O CIÚME

Embora essas palavras sejam usadas indiscriminadamente, há uma diferença sutil entre *inveja* e *ciúme*. O dicionário *Webster* define a inveja como: "Descontentamento ou hostilidade causados pelas vantagens ou posses dos outros...; ressentimento com outra pessoa que conseguiu algo que queria; cobiça pelo que outra pessoa tem." A inveja é o nosso ego dizendo: *Quero o que você tem e odeio você por tê-lo.*

O ciúme é definido como suspeita, rivalidade, possessividade e a maneira como protegemos os nossos relacionamentos e sucessos. O ciúme é o nosso ego dizendo: *Você não pode ter o que eu tenho e odeio você por querer, tentar conseguir ou conseguir o que é meu.*

O ciúme e a inveja indicam que estabelecemos condições específicas para sermos felizes. Acreditamos que *se tivéssemos conquistado* tal coisa ou *se a outra pessoa não tivesse conseguido aquilo...*, seríamos felizes. O ciúme e a inveja são ilusões que temos de que a nossa felicidade e bem-estar dependem do que as outras pessoas fazem ou têm.

O nosso ego está convencido de que, se alguém tem alguma coisa que queremos, estamos impedidos de tê-la. Por isso ele quer qualquer coisa que os outros conquistem e vigia atentamente qualquer coisa que ele ache que temos. De acordo com o ponto de vista do ego, estamos sempre correndo o risco de perder o que temos e nunca mais conquistaremos algo tão bom, ou melhor, para substituir o que perdemos. A inveja e o ciúme são as defesas do ego contra essas ameaças.

Como livrar-se da inveja e do ciúme

A infinita abundância, generosidade e capacidade de compartilhar estão além do alcance do nosso ego. Uma vez que compreendamos isso, começaremos a entender muitos dos nossos comportamentos e atitudes autodestrutivos. Podemos começar deixando de lado as idéias defensivas do ego e nos abrindo para a enorme sabedoria do espírito.

Compartilhar e sentir contentamento com o sucesso e a felicidade de outras pessoas gera *mais*, e não menos. O amor se estende aos outros, cresce e se multiplica. A paz irradiada ao mundo — mesmo que seja por uma única pessoa — expande-se e se espalha por todo o Universo. Todos nós podemos lucrar com a saúde, a felicidade, o bem-estar e o sucesso verdadeiros das outras pessoas.

Por outro lado, o medo, a inveja e o ciúme somente nos oprimem na mesma proporção que o sucesso que queremos alcançar. E quanto mais nos oprimimos, menos podemos conquistar. O medo que sentimos de perder para os outros só pode trazer infelicidade. A alegria pelo sucesso dos outros abre-nos para a nossa própria felicidade.

A JUSTIÇA

É fácil ficar feliz com o sucesso de alguém que o merece. Quando vemos um trabalho longo e árduo ser recompensado, parece que tudo se encaixa. Quando vemos a abundância e a felicidade darem o ar de sua graça na vida de alguém que tenha sofrido, achamos correto e justo. Quando alguém que parece privado de algo em alguns aspectos ganha alguma coisa em outra área, chamamos isso de equilíbrio ou justiça.

Mas e quando alguém parece ganhar algo facilmente, sem sacrifício ou sem pagar por isso? E quando alguém parece ganhar alguma coisa com atividades que prejudicam os outros — ou que pelo menos não tenha constrangimento em se dedicar a elas? E quando coisas boas acontecem com pessoas que parecem não merecê-las?

Às vezes, é como se um comportamento que prejudica os outros fosse recompensado. Ficamos zangados com os manipuladores da Wall Street ou com a reeleição de políticos corruptos. Sentimo-nos ultrajados com o aparente sucesso dos outros quando achamos que eles não merecem o que têm ou não "pagaram" pelas coisas erradas que fizeram.

Se definirmos "sair ileso" como escapar do sistema legal, então, obviamente muitas pessoas "saem ilesas" de muitos crimes o tempo todo. Mas se definirmos a justiça cósmica como a lei segundo a qual colhemos o que plantamos, então não existe como "sair ileso" de coisa nenhuma. A nossa paz interior, felicidade e bem-estar sempre são afetados pelo que fazemos contra os outros ou contra nós mesmos.

A história de Alice

Quando Alice era adolescente, a melhor amiga dela morreu num acidente de automóveis em que o motorista do outro carro fugiu. — Fiquei com *muita raiva* — Alice conta. — O meu senso de justiça foi destruído. Eu não conseguia acreditar que uma pessoa tão jovem perdesse a vida assim, sem nenhum motivo, e que a pessoa responsável pudesse simplesmente ir embora como se nada tivesse acontecido. Eu *odiava* aquele motorista. Queria, *desesperadamente*, que a polícia o encontrasse. Eu queria ter a oportunidade de gritar com ele, de lhe dizer como era maravilhosa a pessoa que ele tinha matado, de vê-lo sofrer pelo que havia feito.

Mas a mãe de sua amiga teve um comportamento diferente:

— Eu não podia acreditar na maneira como ela agiu — Alice diz. — Ela nunca quis saber dos esforços que foram feitos para encontrar o motorista do carro que matara sua filha. Ela dizia que encontrar o motorista, levá-lo à julgamento e puni-lo não traria a filha de volta. Disse que quem havia feito aquilo teria que conviver com isso pelo resto da vida e que isso era entre essa pessoa e Deus. Ela era uma mulher afetuosa e pacífica mas, naquela época, eu achei que estivesse louca. Eu simplesmente não podia concordar com o ponto de vista dela. Eu queria ver sangue pelo que haviam feito à minha amiga — e *comigo*.

O motorista do carro que matou a amiga de Alice nunca foi encontrado.

— Realmente me incomodava saber que a pessoa que a matara estava por aí, provavelmente tendo uma vida normal — ela diz. — Sentia medo de que fosse alguém que eu conhecesse, alguém que eu tivesse conhecido depois da morte dela, alguém com quem eu trabalhara ou que morasse na casa ao lado da minha. Eu costumava sair, olhar para os estranhos e pensar: "Pode ser *você*."

Alice diz que agora, quase vinte anos depois, ela se sente mais como a mãe da amiga se sentia:

— Toda aquela raiva só prejudicava a mim mesma — ela diz. — Nada podia mudar o que tinha acontecido. Eu não sei o que acabou acontecendo com aquele motorista, mas sei que o que eu queria fazer com ele não era melhor do que ele havia feito à minha amiga, e que isso não teria ajudado em nada.

— Talvez ele tenha dado a volta por cima e se tornado uma pessoa feliz, mas duvido. Acho que acontece alguma coisa dentro de nós quando fazemos algo ruim para outra pessoa e que, mais cedo ou mais tarde, temos de encarar o que fizemos. Isso, necessariamente, não significa ter um peso na consciência, e sim algo parecido com nos *separarmos* de nós mesmos, da parte boa que está em cada um de nós. Para termos paz e felicidade verdadeiras, temos de desfazer essa separação fazendo alguma coisa boa, algum tipo de reparo. Por isso, talvez quem estivesse dirigindo aquele carro no final das contas tenha feito alguma coisa boa. Mas, se não fez, isso não é problema meu. É de Deus.

O PERDÃO

Alice aprendeu a perdoar a pessoa que causou a morte da amiga. Esse tipo de perdão é uma boa parcela do aprendizado de livrarmo-nos das reações negativas que temos diante do sucesso das outras pessoas. Enquanto acreditarmos que alguém deve algo ou que merece um castigo, nunca nos sentiremos felizes pelo sucesso, pelas conquistas ou pela felicidade dela.

Os nossos julgamentos parecem bem razoáveis e justificáveis em muitos casos. Não temos de mudar a opinião que temos sobre o que é certo ou errado para perdoar. Simplesmente temos de aceitar a realidade como ela é e seguir em frente. Temos de deixar de lado os nossos sentimentos de vingança ou castigo. Eles nunca produzem efeitos positivos em nós ou em qualquer pessoa.

Quando vemos que algo de bom aconteceu a uma pessoa que acreditamos não merecê-lo, podemos nos lembrar de que simplesmente não sabemos tudo sobre essa pessoa ou talvez não tenhamos a verdadeira perspectiva para julgá-la. Podemos nos lembrar também de que o que nos parece sucesso e felicidade nem sempre é isso na verdade. Podemos abandonar nossa raiva autodefensiva e voltar nossa atenção para atitudes e ações mais positivas.

QUEM MERECE MAIS?

Às vezes, as pessoas disputam um emprego, uma promoção ou algum tipo de prêmio e não achamos que a pessoa certa venceu. Outras vezes, outros fatores determinam quem achamos que merece mais. *Às vezes, a vida simplesmente não é justa.* Quando isso acontece, sempre podemos escolher como vamos reagir.

O nosso ego quer um tipo claro, austero de justiça "olho por olho". Ele não aceita a possibilidade de as coisas acontecerem sem o seu conhecimento. Ele não consegue ver o esquema maior das coisas ou acreditar em nada que esteja fora dele. Ele quer provas visíveis de recompensas e punições imparciais. O nosso espírito simplesmente não liga para essas coisas. Enquanto o ego reage com raiva e de forma defensiva, o espírito se sente muito bem. Ele sabe que sempre ficaremos bem, não importa o que aconteça. Ele aceita todos os "ganhos" e "perdas" que surgem ao longo da vida.

O desapontamento é natural quando não conseguimos algo que queríamos. Mas quando atribuímos o nosso desapontamento a alguém, porque essa pessoa conquistou alguma coisa que queríamos ou porque ela conseguiu algo que não achávamos que merecesse, estamos somente exercitando as defesas do ego. Existe uma série de coisas boas para conquistarmos na vida. Temos só de deixar de lado toda raiva e ressentimento contra os outros para poder enxergá-las.

A CARÊNCIA

A nossa crença na falta de realizações e de bons sentimentos pode prejudicar nossa capacidade de nos alegrar com o sucesso alheio. Se acreditarmos que a possibilidade de se ter sucesso é algo limitado — se alguém sempre vence, então, alguém sempre perde — será muito difícil nos sentirmos bem com a vitória de outra pessoa. Sentimo-nos pressionados pela idéia de que os recursos são limitados sempre que vemos outra pessoa ser recompensada por alguma coisa. Deixamos o ego nos convencer de que não sobrou nada para nós.

Também nesse caso podemos entender o medo que o nosso ego sente e deixá-lo para trás. Podemos assumir o ponto de vista do nosso espírito, que vê o sucesso e a felicidade como coisas ilimitadas. Podemos aprender a ver o sucesso das pessoas como uma contribuição positiva para todos. O sucesso das outras pessoas pode ser a melhor coisa para nós.

Às vezes, as opiniões que temos sobre a carência de recursos podem nos impedir de aceitar o nosso próprio sucesso. Podemos nos sentir culpados como se, com o nosso sucesso, estivéssemos tirando alguma coisa dos outros. Podemos ter aprendido a ver o sucesso como uma coisa errada, quando os nossos pais demonstravam ressentimento com o sucesso dos outros.

Se deixarmos o ego convencer-nos de que o sucesso é uma fonte limitada, sempre nos sentiremos culpados quando o atingirmos e ressentidos se os outros o conquistarem. Mas se deixarmos o nosso espírito nos mostrar a infinita abundância de sucesso e felicidade que está ao alcance de todos nós, nunca nos sentiremos privados ou constrangidos com as nossas conquistas. Ao contrário, podemos aceitar o nosso próprio sucesso, ficar satisfeitos com ele e nos alegrarmos também com o das outras pessoas.

Quando competimos com nós mesmos

William George Jordan escreveu: "A verdadeira competição é aquela que a pessoa trava consigo mesma; sua busca no presente para superar o passado. Isso significa um verdadeiro desenvolvimento interior." Se sempre precisarmos "derrubar" alguém para nos sentirmos bem-sucedidos, jamais nos sentiremos verdadeiramente satisfeitos. Sempre haverá outro rival para enfrentarmos, e todos eles serão vistos como inimigos. Que prazer há nisso? Quando nos concentramos em aprender, crescer e ser verdadeiramente nós mesmos, podemos nos alegrar com o sucesso das outras pessoas, da mesma maneira que nos alegramos com os nossos. Podemos até apreciar a habilidade e as realizações daqueles com quem competimos.

O respeito que os atletas olímpicos sempre demonstram ter entre si é um bom exemplo desse tipo de alegria. Sabem que os seus adversários treinaram e trabalharam tanto e tão duro quanto eles próprios. Eles admiram as habilidades e realizações dos outros. Alegram-se com o desempenho dos outros, talvez mais do que os espectadores, porque sabem o exato grau de dificuldade para fazer o que eles estão fazendo e como isso é realmente árduo.

Podemos nos sentir bem quando vemos alguém ter sucesso se não mais permitirmos que o nosso ego considere a realização das outras pessoas como um ataque pessoal. Quando paramos de competir com as outras pessoas e aprendemos a rivalizar com os nossos próprios desempenhos do passado, podemos descobrir a alegria inerente do constante auto-aprimoramento. Então, podemos deixar o nosso espírito nos ensinar a compartilhar o sucesso dos outros com amor e felicidade.

Exercícios

Exercício Um

Analisando as experiências da infância. Que tipos de relacionamentos você tinha com os seus irmãos (ou outras pessoas que moravam na sua casa)? Você competia ou se ressentia com eles? Como a sua família lidava com os seus sentimentos? Pense sobre as suas primeiras experiências na escola. Você competia com os outros alunos? Esses sentimentos o encorajavam ou desencorajavam? Como essas primeiras experiências afetaram o seu comportamento atual? Você pode ver alguma semelhança entre a maneira como você se sentia com relação aos outros e reagia a eles na infância e como se sente agora?

Exercício Dois

Esclarecendo e abandonando as convicções sobre carência. Analise suas convicções sobre o sucesso e a felicidade estarem ao alcance de todos. Você acha que restou pouco a ser conquistado?

Visualize um mundo de infinitas possibilidades de sucesso e felicidade para todos. Pense que *todos* têm oportunidades totalmente iguais para realizar os objetivos que têm e concretizarem os seus sonhos. Lembre-se de que ninguém é prejudicado ou sofre algum tipo de privação por causa do sucesso alheio. Todos vivem em harmonia e felizes com as conquistas dos outros. Imagine quanto essas realizações e sucessos contribuiriam para a humanidade.

Exercício Três

Competitividade. Tente assistir a uma competição (atlética, acadêmica ou o que lhe interessar) em que você não conheça os adversários ou tenha ligação com eles. Ou seja, uma competição em que você não se importa com quem seja o ganhador. Tente somente apreciar o jogo por si só. Observe fatores como a habilidade de cada jogador, os esforços de cada time ou as regras e objetivos do jogo. Se você estiver assistindo a uma competição esportiva na televisão, tente desligar o som para não ouvir as observações feitas pelo comentarista. Limite-se a se comportar como um espectador imparcial. Descubra todos os elementos que existem num jogo além de ganhar ou perder.

Capítulo Sete

O Trabalho

Você não é o que faz; você é a maneira com que faz.
— Hugh Prather

Todos nós trabalhamos. Passamos o dia em casa, num escritório, numa fábrica, num restaurante, na escola ou numa loja; na construção de uma estrada; a céu aberto ou dentro de uma mina. Todos *nós* trabalhamos. Seja cozinhando, datilografando, cuidando de pais idosos ou de crianças; vendendo ou comprando; planejando, construindo ou destruindo; limpando, servindo ou administrando. Tudo é trabalho. A única diferença é *onde* e *como* trabalhamos.

Onde trabalhamos tem pouca importância; *como* trabalhamos importa muito. A maneira como trabalhamos resulta de uma combinação das nossas convicções, sentimentos, objetivos e comportamentos. É a maneira como nos vemos, vemos o nosso trabalho e as pessoas com quem trabalhamos. É uma demonstração da maneira como basicamente nos relacionamos com a vida. O trabalho pode nos manter presos ao tormento e à dor, ou nos encher de alegria e amor. Se ele não estiver nos ajudando a encontrar a felicidade, sempre podemos mudá-lo.

Uma das maneiras como a nossa forma de trabalhar pode impedir o nosso desenvolvimento e felicidade é relacionar o trabalho com a nossa auto-imagem ou identidade. Podemos escolher uma profissão pensando no efeito que, a nosso ver, ela exercerá. Ou podemos nos sentir zangados, envergonhados ou ressentidos porque achamos que o nosso trabalho não reflete as nossas verdadeiras habilidades e talentos. Tudo isso é causado pelo nosso ego, que insiste em achar que *somos* o que *fazemos*.

"O QUE VOCÊ FAZ?"

Imagine que você esteja se encontrando com uma pessoa pela primeira vez, conversando com ela e tentando conhecê-la melhor, *sem perguntar em que ela trabalha*. Estamos tão acostumados a fazer de cara essa pergunta: "O que você faz?" — que isso pode parecer ridículo. Talvez fiquemos imaginando uma forma de conhecer as pessoas sem saber com o que elas trabalham. Mas, na verdade, estamos *julgando-as* e supondo todo tipo de coisas sobre sua inteligência, objetivos e valores, com base no tipo de trabalho que elas exercem.

Esses são, realmente, os únicos objetivos que temos quando, ao conhecer uma pessoa, queremos saber o que ela faz para viver. Formamos uma opinião sobre ela com base no seu trabalho, *status* ou influência. Determinamos se ela pode nos ajudar, de alguma forma, a conseguir o que queremos. Julgamos o valor que ela tem para nós, para os outros e para a sociedade pelo que faz para viver.

Em muitos países, é considerado uma grosseria imperdoável perguntar às pessoas que não conhecemos bem que tipo de trabalho elas fazem. Seria a mesma coisa que perguntar a alguém que acabamos de conhecer quanto ele ganha por mês. Os norte-americanos, porém, acham que é importante saber em que a pessoa trabalha *antes* de decidir como tratá-la ou se vale a pena se aproximar mais dela. A nossa cultura define as pessoas, de maneira obsessiva, pelo trabalho que desempenham.

"Apenas uma dona de casa"

Enquanto os filhos eram pequenos, Amanda ficou em casa acompanhando o crescimento deles. Ela considera isso um trabalho importante e se dedicou a cuidar dos filhos, educá-los e garantir o bem-estar emocional deles. Ela tinha muito jeito para isso e adorava essa tarefa. Mas Amanda sempre sentiu que os outros a olhavam com desprezo por ter escolhido dedicar seu tempo e talento a essa atividade.

— Quando eu acompanhava meu marido às festas — ela diz —, as pessoas se aproximavam, se apresentavam, diziam com o que trabalhavam e me perguntavam o que eu fazia. Quando eu dizia que ficava em casa cuidando de duas crianças, elas diziam alguma coisa parecida com: "Ah, é mesmo?" e imediatamente se afastavam para conversar com outras pessoas. Era como se instantaneamente presumissem que eu não tinha nada de interessante para dizer ou que seria incapaz de travar uma conversa inteligente com outro adulto sobre qualquer outra coisa que não fosse trocas de fraldas!

— Aquelas pessoas não me conheciam — continua Amanda —, mas imaginavam que sim, simplesmente por saber que tipo de trabalho eu fazia. Isso realmente me irritava e, para ser honesta, eu ficava com um pouco de vergonha de mim mesma. As pessoas me faziam pensar que talvez o que eu estava fazendo *não era* tão importante ou, quem sabe, eu *não era capaz* de fazer nada mais do que isso. Fiquei cheia de dúvidas depois desses incidentes e a minha auto-estima ficou abalada.

O RESPEITO

Nós não só achamos que as pessoas são o que elas fazem como também temos a tendência de definir a importância do trabalho pelo salário correspondente. Quando não temos um emprego, dedicamo-nos aos afazeres domésticos ou recebemos um salário baixo, geralmente nos sentimos menos *valorizados* que os outros. Mesmo que gostemos e nos orgulhemos do nosso trabalho, como era o caso de Amanda, o nosso ego sente-se ameaçado pela falta de respeito que algumas pessoas demonstram.

Essa falta de respeito provoca a defesa do ego e cria raiva, constrangimento, ressentimento, tristeza e dúvida. Isso pode ser tão frustrante que acabamos saindo do emprego que, a nosso ver, as outras pessoas não respeitam, ou deixamos de desempenhar nossas tarefas de forma eficaz. Adotamos uma atitude negativa, enfadonha e cínica com relação ao trabalho, como defesa contra o desrespeito que, a nosso ver, as pessoas têm por nós. O nosso ego diz: *Eu realmente não ligo para esse trabalho; por isso não me identifico com ele.*

Existe uma diferença entre querer *impressionar* as pessoas com o que fazemos e querer ser *respeitado* por causa do trabalho que realizamos. Quando impressionamos as outras pessoas, elas têm uma visão exagerada daquilo que somos e talvez nos vejam de maneira idealizada. Quando somos respeitados, as pessoas nos aceitam como somos e não fazem suposições sobre nós com base no nosso trabalho ou em qualquer outra coisa.

A impressão vem do nosso ego e o respeito vem do nosso espírito. Eu acredito que o respeito seja um direito humano básico. Temos o direito de sentir necessidade dele e de desejá-lo. Temos o direito de esperar isso de todos. Temos a responsabilidade de estendê-lo aos outros. O respeito é uma das dádivas mais valiosas que podemos compartilhar com os outros.

Somos o que fazemos?

Se nos definirmos e aos outros pelo trabalho que fazemos, então, cada crise ou cada problema no trabalho assume um enorme significado para a auto-imagem do nosso ego. Não podemos falhar no trabalho sem sentir que o mundo está desabando. Não conseguimos separar os nossos problemas de trabalho da nossa auto-estima. Não conseguimos nos sentir à vontade e alegres, a menos que a nossa vida profissional esteja indo muito bem.

Se deixarmos que o ego nos defina pelo trabalho que realizamos e pelo que ganhamos com ele, estaremos à mercê de muitos fatores que estão fora do nosso controle. Acabaremos desvalorizando os outros aspectos da nossa vida e correndo freneticamente, tentando realizar o impossível. Negligenciaremos os nossos verdadeiros talentos, habilidades, potenciais de realização, relacionamentos e outras possíveis fontes de auto-estima.

— Eu estava acostumada a achar que era o trabalho que me fazia ser o que eu era — conta Patrícia. — Fiz tudo o que esperavam de mim e mais um pouco. Assumi todas as responsabilidades da minha chefe quando ela repentinamente saiu da empresa e trabalhei sem parar dia e noite, durante seis meses. Finalmente, entrei em colapso, passei uma semana bebendo e fui parar no hospital. Deixei de lado todos os aspectos da minha vida, exceto o trabalho, e tive de começar tudo outra vez, pensando em qual seria o significado desses outros aspectos e o que eu deveria fazer sobre eles.

— Eu adoro o emprego que tenho agora — Patrícia diz —, e sinto que é o que devo fazer agora. Mas ele não é a minha vida ou eu; ele é só uma parte do meu objetivo na Terra. Agora eu sei que sou muito mais do que aquilo que faço.

Quando nos lembramos de que, na verdade, somos mais do que a nossa profissão, podemos redescobrir a nossa verdadeira identidade como seres espirituais. Podemos continuar vendo o trabalho apenas como um dos aspectos da nossa vida. Podemos dar a atenção necessária a todas as áreas da nossa vida, mantendo assim a nossa verdadeira auto-imagem e identidade.

Um bom emprego

O que procuramos num trabalho? Simplesmente pegamos qualquer um que apareça? Procuramos o que paga melhor? O que tem o horário de expediente mais apropriado? O mais interessante? O que tenha tarefas mais fáceis? O que tem os colegas mais simpáticos? Queremos que o trabalho nos dê prestígio? Oportunidades para um futuro melhor? A oportunidade de usarmos as nossas habilidades e talentos particulares? O que é um "bom emprego" para nós?

William George Jordan escreveu: "Não importa o quanto sejam humildes as tarefas de um indivíduo ou o quanto sejam desinteressantes e enfadonhos os seus afazeres, ele sempre deve dar o melhor de si. Deve dar dignidade ao que faz pelo esforço que coloca nele." Se deixarmos de lado a idéia de auto-imagem que o nosso ego tem — de que não somos nada além do que aquilo que fazemos para sobreviver —, podemos começar a nos concentrar em *como* cumprimos nossas tarefas. A fé, a esperança, o amor e a alegria podem fazer parte de qualquer trabalho honesto. Quando voltamos a nossa mente para o ponto de vista do espírito, elevamos o trabalho ao nível dele.

"O que você espera deste emprego?"

Muitos de nós não pensam sobre o que esperam do nosso trabalho. Achamos que ele nada mais é do que uma necessidade desagradável. Buscamos freneticamente nossa ascensão profissional sem jamais nos perguntarmos *Para quê?* Seguimos os padrões dos nossos pais e de outros exemplos sem perceber que há uma outra maneira de olharmos o trabalho.

As expectativas são fatores poderosos das nossas conquistas. Se esperarmos muito do trabalho, provavelmente ficaremos desapontados. Se esperarmos muito pouco, provavelmente nos sentiremos insatisfeitos, ressentidos e com raiva. Iremos sabotar as nossas oportunidades de sucesso e felicidade no trabalho simplesmente alimentando expectativas irreais.

O que *podemos* esperar do trabalho? Todos podem esperar as mesmas coisas, não importa qual seja o seu trabalho? Claro que não. Nós exercemos vários tipos de atividades profissionais ao longo da vida. Elas têm objetivos e preenchem necessidades diferentes. Quando estamos iniciando a nossa vida profissional, geralmente arranjamos um emprego simplesmente para ter experiência, para ganhar algum dinheiro para pagar os estudos ou ajudar a nossa família. Aprendemos muito com essas primeiras experiências e, em geral, continuamos a ter as mesmas atitudes e hábitos pelo resto de nossa vida profissional. Às vezes, aprendemos a ter atitudes ou expectativas negativas com as experiências de trabalho anteriores que foram desagradáveis. Às vezes desenvolvemos bons hábitos de trabalho e expectativas realistas.

Em outros momentos da nossa vida profissional, procuramos trabalho por motivos diferentes. Escolhemos um emprego porque ele fica perto da nossa casa, perto da escola, ou da escola dos nossos filhos. Procuramos aquele que tenha horário flexível, benefícios específicos ou que nos forneça um certo tipo de experiência que nos ajudará a conseguir outro emprego melhor depois. Somos atraídos por certos tipos de trabalho porque eles nos dão a oportunidade de usar algumas habilidades específicas que temos. Esses são motivos justos para se escolher um emprego e em geral ficamos satisfeitos com as escolhas que fazemos.

Mas quando as nossas expectativas são irreais ou negativas, podemos nos preparar para ser infelizes. Em geral, pensamos que o trabalho é meramente um preço que temos que pagar para conseguir as coisas que realmente queremos. Nós o toleramos só para poder voltar para a nossa "vida real", depois do expediente do trabalho. Como ele não pode ser o foco central ou o aspecto mais importante da vida, podemos esperar mais do trabalho do que quarenta horas semanais de tédio, pontuadas por períodos de recreação frenética ou pelo consumo de coisas materiais para recompensar o nosso empenho.

O trabalho não tem que ser exaustivo, desagradável ou nos deixar satisfeitos só no dia de pagamento. Quando encontramos formas de nos dedicar ao trabalho, descobrimos nele uma série de propósitos que podem servir para enriquecer e melhorar a nossa vida. Ele pode nos colocar em contato com outras pessoas. Pode nos ajudar a descobrir e desenvolver os nossos talentos e habilidades. Pode nos dar a alegria de aprender coisas novas e a oportunidade de desenvolver habilidades. Pode nos dar a satisfação de tentar fazer alguma coisa difícil e de vencer o desafio.

Se não tivermos encontrado esses prazeres, talvez precisemos procurar outro emprego ou tipo de trabalho. Ou talvez precisemos analisar os nossos objetivos e expectativas. É difícil sentir prazer em alguma coisa que realmente achamos enfadonha. Mas se abrirmos a nossa mente para o ponto de vista alegre do espírito, vamos nos surpreender descobrindo, bem diante do nosso nariz, oportunidades para aprender, crescer e sentir prazer.

Florescer onde estão nossas sementes

— Num certo momento da minha carreira — conta-nos Tina —, me vi num emprego chato, frustrante e que não me levava a lugar nenhum. Mas eu precisava mantê-lo enquanto continuava estudando e para poder ficar com os meus filhos depois das aulas. No trabalho, eu vivia pensando no dia em que sairia de lá e faria outra coisa. Até que um dia, nessa época, eu vi um cartaz que dizia: "Floresça onde estão suas sementes". Achei que esse era um sentimento bom, para cima e que dizia o que eu precisava me lembrar quando estivesse cansada daquele período da minha vida profissional.

Eu mencionei a frase para uma colega de trabalho que reclamava, como de costume, do tédio e da frustração que sentia com o seu emprego, que para ela era um beco sem saída. Mas, em vez de achar a frase animadora, como eu, ela ficou zangada comigo. Disse que essa frase era deprimente, condescendente e que desestimulava as pessoas a procurar algo melhor. Eu disse que não concordava com isso, que não sabia como ajudá-la e que não imaginava como suas constantes reclamações a ajudariam.

Em vários momentos da nossa vida, sentimo-nos como Tina, num emprego do qual não gostamos muito. Se tivermos analisado a situação e determinado que precisamos ficar no emprego pelo menos durante mais algum tempo, então podemos conservá-lo, buscando maneiras de fazer uso dos nossos talentos e habilidades, aprendendo alguma coisa nova e tendo orgulho e alegria com o trabalho — de "florescermos onde estão nossas sementes".

Pode parecer mais fácil reclamar, como a colega de trabalho de Tina, do que tentar fazer algo para melhorar a situação. Mas, às vezes, é *impossível* encontrar alguma coisa vantajosa. Se esse for realmente o caso, convém reexaminar a escolha que fizemos de continuar no emprego. Contudo, os bloqueios que temos para sentir prazer e crescer em algum aspecto do emprego são meramente jogos do ego.

Existe uma diferença entre reclamações sem sentido e a busca por uma solução para o problema. A reclamação não tem a intenção ou o objetivo de resolver alguma coisa. Ela só serve para "esquentar os ânimos", para expressar a frustração e para encontrar alguém que sinta a mesma coisa. É a maneira que o ego tem de nos manter presos à infelicidade. A reclamação é contagiante e desanima a todos.

Para solucionar um problema de modo construtivo, temos que tentar usar as nossas habilidades, talentos e solidariedade para realizar uma mudança positiva. Não quer dizer que precisamos tentar sempre ser compreendidos e apoiados pelos nossos colegas de trabalho ou até mesmo por nosso chefe, pois eles preferem manter o próprio *status quo* acima de tudo, manter o emprego e a reputação, sem se envolver com os problemas dos outros. E solucionar o problema de maneira pacífica e positiva é a única maneira de qualquer empresa continuar no mercado e prosperando.

Se continuarmos simplesmente reclamando e esperando que alguma coisa boa aconteça, não perceberemos quando ela acontecer. Ou talvez não estejamos preparados para tirar vantagem dela. Por exemplo, se demonstrarmos somente desinteresse e frustração pelo trabalho, esforçando-nos o mínimo possível para realizá-lo, não estaremos em condições de ser promovidos ou transferidos. Os objetivos e atitudes negativas tendem a se tornar um hábito. Criamos os nossos próprios becos sem saída, quando nos recusamos a enxergar algo positivo no trabalho ou quando não acreditamos que uma mudança positiva seja possível.

Também ficamos cada vez mais irritados, entediados e ressentidos quando deixamos o ego mergulhar nesses sentimentos. As coisas nunca vão melhorar num passe de mágica. Temos de nos esforçar, dar tempo ao tempo e tentar encontrar o melhor ponto de vista para fazer as coisas melhorarem para nós. Podemos também sair do emprego ou parar de reclamar. Podemos tentar realizar uma mudança positiva, de maneira solidária, ou aceitar as coisas como estão. Podemos optar pela felicidade, independentemente das circunstâncias que nos encontramos no trabalho.

Qual é a minha missão?

Podemos encontrar algo positivo em que nos concentrar no trabalho ao tentar identificar a nossa missão. Às vezes o único motivo de estarmos em um emprego é ajudar financeiramente a nossa família ou manter os nossos filhos na escola. Esses objetivos são muito gratificantes. Se nos concentrarmos em ajudar a nossa família dessa maneira, podemos dar valor e importância ao que estamos fazendo.

Podemos também analisar a contribuição que o nosso trabalho dá para o mundo. Às vezes, isso pode ser difícil por causa dos bloqueios que o ego cria em nossa mente. Mas há um valor inerente em cada tipo de trabalho honesto. Cozinhar ou servir pratos num restaurante é um serviço importante e necessário para as pessoas que estão ali para se alimentar. Fazer isso de maneira calma e solidária, e com alegria, é uma dádiva. Lavar o chão, o carro, as janelas ou a louça contribui para a saúde e o bem-estar de muitas pessoas. Trabalhar numa linha de montagem, contribuindo com a fabricação de um grande produto abre a possibilidade de trabalho para outros trabalhadores e proporciona ao consumidor um produto seguro e funcional.

Em seu livro *When All You've Ever Wanted Isn't Enough*, o rabino Harold Kushner escreve: "Alguns trabalhos podem ser malfeitos e ninguém sofrerá as conseqüências disso, mas ninguém pode fugir do preço que o espírito paga por ter relaxado no trabalho." Se não encontrarmos uma forma de dar ao nosso trabalho algo de nós, de descobrir a contribuição positiva que estamos fazendo ao realizá-lo, não seremos capazes de sentir qualquer satisfação ou alegria com ele. Quando voltamos a atenção para os efeitos ou aspectos positivos do nosso trabalho, podemos começar a enxergar os sentimentos negativos do ego sobre outros aspectos de que não gostamos.

O MEIO DE VIDA CORRETO

Existem certos fatores do nosso trabalho que o torna mais agradável e gratificante para nós. Precisamos analisar esses fatores para escolher o trabalho que seja melhor para nós. Algumas vezes, sentimos que precisamos pegar qualquer trabalho que apareça mas, mesmo assim, temos alguns critérios para escolher o que vamos fazer. Por exemplo, não faremos nada que seja ilegal, não trabalharemos em determinados horários ou muito longe de casa.

Sentimos que adotamos muitos desses critérios sem, contudo, declará-los. Mas realmente precisamos analisar todos eles para aprender sobre nós mesmos e sobre os tipos de trabalho que mais gostamos de fazer. Quando não atentamos para esses aspectos, sentimo-nos infelizes com o trabalho e não compreendemos os motivos.

"Meio de Vida Correto" é um termo que Buda usava para descrever um dos oito fatores do bem-estar. Ele refere-se ao trabalho que não prejudica ninguém; em que usamos as nossas habilidades e talentos; em que ajuda outras pessoas e o mundo de alguma maneira, mesmo que pouco. Quer dizer, um trabalho que seja útil, positivo e significativo.

Ao longo deste livro, analisamos as nossas opiniões e comportamentos *pragmaticamente*. Podemos aplicar o mesmo método para examinar o nosso trabalho. Podemos nos perguntar, primeiro, *Ele prejudica alguém?* e depois, *Ele ajuda as outras pessoas?* O Meio de Vida Correto dá significado às nossas atividades diárias, nos dá ao menos a possibilidade de desenvolver as nossas habilidades, talentos e capacidades. Ele nos ajuda a encontrar paz de espírito, felicidade e alegria.

Como determinamos se o trabalho preenche esses requisitos? Uma das primeiras providências é olharmos para os nossos próprios sentimentos. Se estamos constantemente entediados, com raiva, frustrados ou com medo do nosso trabalho, devemos nos perguntar, *Por quê?* Se o nosso trabalho prejudica outras pessoas de alguma forma, esse mal nos levará a um nível espiritual muito baixo. Jamais podemos nos sentir bem com um trabalho que prejudica outras pessoas. Se o nosso trabalho parece ser insignificante e desnecessário, como ele pode nos dar alegria e nos fazer sentir orgulhosos?

Podemos analisar esses sentimentos para descobrir a nossa verdadeira alegria e amor e transferir esses sentimentos para o trabalho que estivermos realizando. Mas nós podemos, também, descobrir o falso orgulho e os jogos do ego que se interpõem no nosso caminho. Esfregar o chão pode não parecer um bom trabalho, mas não prejudica ninguém. Se nos sentimos tristes, com raiva ou constrangidos por fazer esse tipo de trabalho, deve ser porque sentimos o orgulho ferido — um problema do nosso ego e não do nosso espírito.

Quando tivermos analisado os motivos da nossa insatisfação, podemos começar a analisar como precisamos mudar as nossas atitudes e comportamentos e quais são os aspectos que temos de encontrar no trabalho que formos procurar. Alguns deles são universais e alguns serão muito específicos para cada um de nós.

Alguns aspectos universais de um bom trabalho são: que ele seja lícito; que ele não prejudique ninguém, incluindo a nós mesmos, e que dê algum tipo de contribuição para as outras pessoas. Alguns aspectos mais específicos e individuais incluem um certo rendimento, benefícios que tanto nós quanto a nossa família precisamos ter, oportunidade de aprender e de progredir na profissão e de usarmos os nossos talentos e habilidades pessoais.

O Meio de Vida Correto diz respeito às circunstâncias que vivemos e às nossas habilidades pessoais. Nós o descobrimos quando deixamos de lado todos os jogos do ego e as ilusões que nos mantêm agarrados a expectativas irreais ou a atitudes e convicções negativas. Quando deixamos o espírito nos guiar, o Meio de Vida Correto torna-se uma escolha fácil.

Do que eu gosto?

Quando abandonamos as idéias do ego sobre a escassez de trabalho, podemos começar a procurar um de que gostemos e que desempenhemos melhor. Em geral, sabemos desde muito jovens que tipo de trabalho realizamos bem e de que mais gostamos, mas nos desviamos do nosso objetivo ou não temos ânimo para procurá-lo. Uma senhora demonstrava ter tanto talento artístico quando jovem que a sua professora da sexta série chegou a lhe dar um estojo de tintas e uma palheta para servir de estímulo. Depois de passar muitos anos trabalhando num banco, essa senhora entrou para uma escola de artes e iniciou uma carreira de ilustradora.

Quando analisamos as nossas antigas experiências para descobrir as coisas de que gostamos, encontramos pistas que revelam os tipos de trabalhos que gostaríamos de fazer agora. Se, antes disso, verificarmos o mercado de trabalho para saber que tipo de atividade tem uma oferta maior de emprego, sem nos perguntarmos o que realmente queremos fazer, acabaremos infelizes em um trabalho de que não gostamos e a que não conseguimos dar importância.

Quando formos explorar todas as possibilidades disponíveis em termos de trabalho, precisamos *começar* analisando do que gostamos. Nisso está a chave do nosso meio de vida correto. Podemos descobrir maneiras de nos realizarmos com um trabalho bem-sucedido e agradável, quer gostemos de costura, culinária, cálculos, livros, crianças, esportes, computadores, desenho, comércio, animais, jardinagem ou de ensinar, ouvir, construir, limpar, decorar, ou dirigir.

Podemos deixar que aquilo de que gostamos e o espírito nos guiem para nosso Meio de Vida Correto. Não procure a perfeição — você nunca irá encontrá-la. Procure um trabalho que não prejudique ninguém, incluindo você, um trabalho no qual se sinta bem, que dê algum tipo de contribuição, mesmo que pequena, para as pessoas e para o mundo. Procure um trabalho em que você possa usar seus talentos e habilidades e que o ajude a crescer.

A descoberta das possibilidades

Gary nos diz que, na época em que era viciado, as drogas determinavam todas as suas atitudes:

— Eu não tinha que imaginar como passar o tempo — ele diz. — As drogas sempre me diziam: "*Levante-se, vá até o armário, pegue um copo, ponha bebida, sente-se e beba; tome uma ducha, fume um cigarro de maconha...* e assim por diante", o dia inteiro, todos os dias. As drogas me diziam o que fazer o tempo *todo*.

Depois de ficar sóbrio e começar um programa de reabilitação, Gary pensou em muitas coisas que tinha de fazer. Ele conta:

— Eu ficava pensando, *eu tenho que ficar feliz porque não morri; eu tenho que simplesmente não reclamar e ficar satisfeito de ter um trabalho, mesmo odiando-o. Eu tenho que ficar feliz por estar vivo, livre das drogas e sóbrio.* Mas a minha vida parecia igual à que tinha antes. Na verdade, era um pouco diferente, mas levei muito tempo para compreender onde estava a diferença.

Gary diz que levou um ano se recuperando até que começasse a entender que ele podia decidir como passar o tempo:

— Levou muito tempo para que eu tivesse uma nova perspectiva do que podia fazer. Durante muito tempo tudo parecia *impossível* para mim. Eu até contava com muitas pessoas que me encorajavam a fazer coisas, a mudar de trabalho ou de profissão, mas eu pensava: *Não posso fazer isso, isso é uma coisa que as pessoas* normais *fazem*. Mas, gradativamente, vi que o tempo era meu, que podia usá-lo como quisesse e que continuava a desperdiçá-lo, e que eu não tinha que fazer aquilo. Saí do emprego e entrei num programa de treinamento para orientar jovens viciados. Senti que isso era algo que eu conhecia bastante e que realmente podia ajudar aqueles jovens.

— Comecei a ver que o trabalho significa muito mais do que receber o pagamento no fim do mês — diz Gary agora. — Estou descobrindo que posso investir no meu trabalho. Estou começando a ampliar a minha visão sobre o que o trabalho é, a acreditar que ele pode ser uma parte do que sou, melhorar a pessoa que sou, me ajudar a crescer e a ser alguém melhor. Estou começando a sentir que, se o trabalho não fizer isso por mim, não tenho nenhum motivo para continuar me dedicando a ele.

Quando percebemos que a maneira de usar o nosso tempo com o trabalho é uma escolha nossa, essa pode ser uma grande mudança. Podemos começar a olhar para nós mesmos e para o nosso trabalho de maneira muito diferente. Podemos começar a analisar todas as possibilidades que nunca soubemos que existiam. Podemos descobrir todas as contribuições que podemos dar às outras pessoas e ao mundo, e tudo o que temos à nossa disposição para aprender e crescer no trabalho. O mundo precisa da nossa contribuição e precisamos dá-la.

A ÉTICA NO AMBIENTE DE TRABALHO

Ninguém precisa de um emprego que nos faça sofrer espiritualmente. Ir contra o nosso próprio senso interior do que é certo e errado, do que compreendemos ser a base da moral, acaba com a nossa saúde espiritual ou nossa paz interior e felicidade. Não há como escapar disso. Como Paul Pearsall escreve, "Não é possível separar os nossos valores pessoais do nosso trabalho diário... Quando estamos trabalhando, o nosso espírito está ouvindo".

Jake estudava à noite e trabalhava em tempo integral no ramo de construção civil. Ele sonhava com o dia em que teria a sua própria empresa. Em uma aula, Jake ouviu um homem falar sobre a pequena empresa de propaganda que tinha:

— O cara era muito bem-sucedido — conta Jake. — Eu realmente queria aprender tudo o que podia com ele e com a sua experiência. Mas uma das primeiras coisas que ele disse realmente me fez pensar. Disse que se recusava terminantemente a trabalhar em qualquer campanha de cigarros, álcool ou política. Um dos alunos comentou: "Claro, você pode se dar a esse luxo agora que é tão bem-sucedido." Ao que ele sorriu e respondeu: "Eu venho fazendo isso desde o dia em que comecei a trabalhar nesse ramo. *Não* posso me dar ao luxo é de agir de outra maneira." Eu nunca tinha pensado sobre a ética nos negócios dessa maneira antes. Já tinha visto muita coisa que considerava anti-ética e simplesmente achava que elas eram práticas necessárias nos negócios, coisas que você *tinha* de fazer para seguir em frente. Mas comecei a pensar diferente depois daquela aula.

Podemos manter a nossa ética dentro das situações e dos relacionamentos de trabalho, mesmo que não tenhamos a nossa própria empresa. Ser coerentes com o que achamos certo ou errado não significa que temos que "quebrar o pau" sempre que virmos uma injustiça ou irregularidade. O nosso ego é muito rápido para julgar os outros e apontar o dedo em riste. Mas somos mesmo responsáveis é pelo nosso comportamento. Se procuramos refletir sobre as coisas com cuidado, em vez de *reagir* a elas, podemos começar a fazer escolhas conscientes sobre o que queremos ou não fazer no nosso trabalho.

O dilema ético de Allison

Allison trabalhava para uma companhia de seguros fazendo mudanças nas apólices já existentes. Quando chegou um pedido para que se substituísse uma apólice de custo mais baixo e de maior cobertura por uma mais cara e que oferecia menos cobertura para um cliente idoso, ela questionou o fato:

— O meu chefe disse que o pedido viera de um dos nossos melhores vendedores — ela diz. — Ele tinha sido um dos melhores vendedores da companhia durante anos e não podíamos questionar a maneira como ele trabalhava. Eu disse que me sentia como se estivesse enganando aquele senhor subtraindo-lhe dinheiro, e que achava que não devíamos fechar o pedido sem antes chamar o cliente para termos certeza de que ele havia entendido bem o que estava comprando. O meu chefe tirou o caso das minhas mãos e ele mesmo fez o seguro. O sujeito comprou uma coisa de que não precisava e que não podia pagar, mas *eu* não fiz aquilo.

Às vezes, isso é o que podemos fazer quando vemos uma injustiça, como a que Allison descreveu. Ela diz que sempre gostou do emprego e de fazer bem o seu trabalho. Quando via alguma coisa que parecia errada, ela apresentava o fato para o chefe — sem demonstrar raiva ou fazer qualquer julgamento, mas como uma funcionária verdadeiramente interessada. Ela não tinha como mudar a política da empresa ou evitar que algum mal fosse feito, mas expressava calmamente seu mal-estar. E, quem sabe? Talvez o chefe discutisse o assunto com o vendedor ou com os outros responsáveis para evitar que coisas parecidas acontecessem novamente. Quando agimos com o ponto de vista calmo e pacífico do espírito, nem sempre temos consciência das sementes que plantamos para que mudanças positivas aconteçam.

Às vezes, uma voz é necessária para expressar o que muitos de nós pensamos. Se todos tivermos muito medo de dizer algo sobre uma política ou uma atitude que pareçam prejudiciais ou anti-éticas, as coisas nunca mudarão. Às vezes, fazer uma pergunta pode ser uma maneira eficaz de entrar no assunto e ajudar a criar a possibilidade de uma mudança positiva. A pergunta é algo menos ameaçador do que uma declaração que *julgue* a política ou ação em vigor e que *exija* uma mudança.

Se você estiver em posição de fazer ou reformular a política da empresa em que trabalha, faça isso — da maneira mais calma e delicada que puder. Se estiver em posição de analisar a política feita pelos outros, você terá que tomar decisões calmas sobre o que irá ou não fazer e onde está querendo trabalhar. Em qualquer um dos casos, devemos nos lembrar de que a raiva, a culpa e a recriminação provém do ego, enquanto que a mudança positiva e construtiva provém do espírito.

Trabalho bom e honesto

Podemos também nos lembrar que sermos feridos espiritualmente não é a mesma coisa que machucar o nosso ego. Quando a nossa autoimagem depende do nosso trabalho, podemos sentir raiva, constrangimento ou tristeza se o trabalho que realizamos não for bom o suficiente para os nossos olhos ou se acharmos que os outros o menosprezam. Confundimos essa reação do ego com a necessidade de deixarmos o emprego porque ele realmente nos desagrada de alguma forma.

Podemos conviver com um trabalho que fira o nosso ego, se reconhecermos os julgamentos e as reações dele. Podemos sentir prazer com um trabalho bem feito, com as contas pagas e com a nossa família amparada. Podemos descobrir maneiras de incluir o nosso espírito no trabalho, seja qual for o tipo de tarefa que realizemos. Porém, não podemos fugir do dano inevitável que será causado à nossa paz interior se deixarmos os nossos valores e o nosso senso ético para trás quando formos trabalhar.

O DESEMPREGO

Em algum ponto da nossa vida profissional, a maioria de nós passa por um período desempregada. Procuramos um trabalho e não o encontramos logo, ou temos um emprego e o perdemos por uma série de motivos. Ou, talvez, tentamos montar um negócio arriscado que fracassa. Quaisquer que sejam as circunstâncias, o desemprego pode afetar os sentimentos que temos sobre o trabalho, nós mesmos e as outras pessoas.

Se nos definirmos com base no nosso trabalho, o desemprego pode ser devastador para a nossa auto-imagem. Mas isso também pode ser exatamente o que precisamos para descobrir que somos muito mais do que o nosso trabalho, ou para descobrir outros talentos, habilidades e maneiras para contribuir com o mundo e crescer interiormente.

O desemprego pode provocar a defesa do nosso ego e criar uma atitude de ressentimento, raiva e culpa. O nosso ego também pode voltar a sua raiva contra nós na forma de depressão, autocomiseração e desânimo. Mas o nosso espírito aguarda calmamente por trás dos lamentos do nosso ego e ele sabe que a nossa paz interior e felicidade não dependem de nenhuma situação de desemprego em particular. O nosso espírito pode nos encher de esperança, fé, aceitação e novas idéias para o futuro. Ele pode curar o nosso medo e nos levar a enxergar a vida de um ponto de vista mais positivo.

William George Jordan escreveu: "O fracasso em geral é um ponto decisivo, uma circunstância que nos leva para níveis mais elevados." Se deixarmos de lado a crença do nosso ego de que o desemprego é um "fracasso", podemos descobrir sucessos que nunca tínhamos imaginado antes. Podemos seguir a orientação do nosso espírito e começar a nos concentrar nas coisas melhores que estão por vir.

A aceitação

A maioria de nós precisa trabalhar para se sustentar. *Todos* nós trabalhamos, de uma maneira ou de outra. Como em todos os outros aspectos da nossa vida, o trabalho nos trará algumas dificuldades, contratempos e mudanças para enfrentar. Essas coisas não são necessariamente tão ruins para as temermos ou evitarmos. Elas fazem parte de uma vida adulta normal.

O trabalho é um aspecto da vida que pode nos oferecer grandes oportunidades para aprender, crescer e compartilhar o nosso talento com as outras pessoas e com o mundo. Quando aceitamos os altos e baixos com esperança, fé e a mente aberta, eles podem nos ensinar algo de valioso. Quando sabemos que somos muito mais do que o nosso trabalho ou cargo, podemos abandonar o medo e as defesas do ego.

Problemas, desentendimentos e divergências não têm que significar a perda de um emprego. Podemos aprender a fazer concessões, ouvir o ponto de vista dos outros e a aceitar a realidade de lidar com outras pessoas no trabalho. Podemos aprender a escolher as nossas batalhas cuidadosamente e tomar uma posição quando necessário. Podemos ver o nosso trabalho através dos olhos do espírito e descobrir o lugar que ele ocupa na nossa vida de paz e felicidade.

Exercícios

Exercício Um

Eu sou o que faço? Analise a relação que existe entre o seu trabalho e a sua auto-imagem. O que você sente no que se refere ao seu trabalho? Orgulho? Raiva? Ressentimento? Como a sua auto-imagem mudaria se você trocasse de emprego? Você negligenciou algum aspecto da sua vida para concentrar seu tempo e energia no trabalho? Como você pode mudar a sua auto-imagem para incluir todos os aspectos do seu eu e da sua vida?

Exercício Dois

O que é um bom emprego? Verifique as opiniões que você tem sobre os requisitos para um bom emprego. Que fatores básicos você acha que são necessários? Que tipo de coisa você acha indispensável? O seu trabalho atual preenche todos esses requisitos? Se não, você está continuando a procurar outro trabalho que preencha esses requisitos? Quais são as expectativas que você tem com relação ao seu emprego? Elas são realistas?

Exercício Três

Meio de vida correto. Comece a procurar o meio de vida correto fazendo a si mesmo a seguinte pergunta: *Do Que Eu Gosto?* Analise as suas primeiras experiências profissionais para ver se você consegue descobrir que tipo de trabalho gostaria de desenvolver agora. Quais eram as suas matérias preferidas na escola? Do que você gostava nelas? Você tinha algum passatempo ou interesse em especial? Como eles podem ser aplicados no seu trabalho? Por um instante, simplesmente esqueça a questão do salário e pense sobre qual o trabalho ideal para você — se não precisasse trabalhar para ganhar dinheiro, o que gostaria de fazer? Por quê? Que elementos dessa fantasia você pode incorporar na sua verdadeira vida profissional?

Capítulo Oito

O Dinheiro

Não há nada no mundo tão desmoralizante quanto o dinheiro.

— Sófocles

O dramaturgo grego Sófocles fez essa observação há mais de 2.400 anos, e ainda hoje ela é verdadeira. Não importa o quanto tenhamos, o dinheiro pode ser uma questão importante e difícil para todos nós.

Podemos ver o dinheiro como a salvação para todas as desgraças da vida ou simplesmente como um mal necessário. Nós nos sentimos culpados por tê-lo ou com raiva por não tê-lo. Consideramos o dinheiro uma condição necessária para ser felizes ou uma grande tentação que nos desvia a atenção dos nossos objetivos mais "elevados". O papel que achamos que ele desempenha em nossa vida pode nos causar problemas de uma maneira ou de outra.

O QUE É O DINHEIRO?

A maioria de nós aprendeu cedo que o "dinheiro não nasce em árvore". Porém, talvez nunca tenhamos ponderado sobre a profunda verdade dessa frase. *O dinheiro não é um recurso natural do Universo.* Ele é uma invenção humana cujo objetivo original era facilitar o comércio. Se não houvesse algo como o dinheiro, todas as coisas do mundo de hoje continuariam a ser criadas e realizadas com os recursos naturais e com a inteligência e as habilidades do homem. De fato, as pessoas provavelmente seriam *mais* aptas e informadas se não tivessem que encontrar uma maneira de pagar por sua educação, e haveria produtos mais úteis que agora são impossíveis de ser vendidos ou fabricados por razões estritamente financeiras.

O dinheiro foi originariamente inventado para simplificar o comércio — era mais fácil carregar dinheiro do que carneiros, para trocá-los por porcos, ovos ou cereais. Desnecessário falar sobre a extrema confusão em que o sistema econômico moderno se transformou. Contudo, o que em geral esquecemos é que o dinheiro, em si, não tem poder. Nós associamos o dinheiro a certos sentimentos, convicções, atitudes e achamos que é ele que cria esses sentimentos e atitudes.

"O dinheiro pode queimar você."

As pessoas geralmente falam sobre dinheiro como se ele tivesse vida, como se ele pudesse fazer coisas por nós. Stan diz: — "O dinheiro é como o fogo: o fogo pode ser a melhor coisa que já aconteceu, mas ele também pode queimar você. Ele pode destruir você, consumi-lo e tirar de você tudo o que possui. O dinheiro pode fazer todas essas coisas e talvez até mais, talvez até *pior*, porque ele pode ser mais sutil.

O dinheiro realmente não faz nenhuma dessas coisas — ele de fato não pode *fazer* nada. *Nós* somos os responsáveis pelas nossas próprias convicções, sentimentos e de como fazemos algo sobre os nossos problemas com o dinheiro. Culpar o dinheiro não é diferente de culpar as outras pessoas pelos nossos problemas, sentimentos e comportamentos ou pela vida que levamos. Quando começamos a compreender os nossos próprios papéis e responsabilidades no que diz respeito ao dinheiro, podemos abandonar a vontade que o nosso ego tem de culpá-lo pelas dificuldades que temos com ele.

— Eu preferiria que não existisse dinheiro — Stan continua —, mas acredito que, pela natureza do homem, se não houvesse dinheiro haveria outra coisa qualquer. Quando se refere à "natureza do homem", Stan está falando sobre o nosso ego. Ele se agarra ao dinheiro com muita facilidade porque o dinheiro é uma dessas condições externas em que podemos nos concentrar para evitar olhar o nosso verdadeiro eu interior. Ele é um alvo simples para o ponto de vista do nosso ego, que culpa e se defende. Podemos usá-lo como desculpa para muitas das nossas atitudes negativas e autodestrutivas.

Assumir a responsabilidade por nossas atitudes

O dinheiro só é desmoralizante se *nós* o tornarmos assim, se reagirmos à idéia de dinheiro dessa maneira. Não temos conhecimento sequer das informações básicas sobre o dinheiro e depois ficamos zangados quando temos de pagar uma conta que não entendemos ou estouramos a nossa conta bancária. Saímos por aí dizendo que odiamos dinheiro e, ao mesmo tempo, ficamos pensando por que não o temos mais. Ou acumulamos dinheiro e todas as coisas que ele pode comprar e ficamos imaginando por que ainda não somos felizes.

Stan diz que continua não gostando de dinheiro, mesmo agora que tem de lidar com ele como nunca o fez. Mas diz que está "feliz por estar aprendendo mais sobre ele". Quando aprendemos mais sobre dinheiro, podemos começar a usá-lo de maneira mais racional e tranqüila, abandonando o apego que o ego tem por ele. Podemos aprender a parar de culpar o dinheiro pelo papel que desempenha em nossa vida e começar a assumir a responsabilidade pelos nossos próprios sentimentos, atitudes e finanças.

O autor Hugh Prather escreve: "As duas atitudes que o mundo tem com relação ao dinheiro são: ou que ele é maravilhoso ou que ele é maligno. Esses são... somente lados diferentes da mesma moeda." Quer adoremos ou odiemos o dinheiro, estamos lhe dando o nosso poder e responsabilidade pessoais. *Nós* escolhemos o papel que ele desempenha em nossa vida. Nós escolhemos as nossas próprias opiniões, comportamentos e atitudes sobre o dinheiro. Podemos optar por olhar para ele de uma maneira nova. Mas primeiro temos de examinar as convicções e atitudes que temos sobre dinheiro.

ADORAÇÃO PELO DINHEIRO

Uma das maneiras de dar ao dinheiro o nosso poder e responsabilidade é adorando-o. Achamos que precisamos dele para ser felizes. Achamos que podemos comprar o amor, a liberdade, o sucesso e a alegria. Conseguir cada vez mais dinheiro pode tornar-se o objetivo central da nossa vida. Mas nunca conseguimos o suficiente dele porque é o nosso ego que o quer, e o apetite dele é insaciável.

Se aceitarmos esse ponto de vista, então a maioria de nós tem que se conformar com a infelicidade, porque a maioria de nós *não* é rica. Podemos gastar todo o nosso tempo e energia tentando ficar ricos ou ressentidos com os outros que achamos que são mais ricos do que nós. Nós nos sentimos privados, com raiva, tristes e com inveja daqueles que achamos que têm mais do que nós. Ou, se somos ricos, ficamos pensando por que ainda não somos verdadeiramente felizes, por que vivemos preocupados em perder o nosso dinheiro ou com medo dos que achamos que querem o que temos.

A NOSSA AUTO-IMAGEM

Deixamos que o nosso ego nos convença de que precisamos de dinheiro — ou de muito dinheiro — para nos sentirmos bem com relação a nós mesmos. Achamos que as outras pessoas irão nos aceitar e respeitar mais se tivermos mais dinheiro. Esperamos que o dinheiro resolva todos os nossos problemas, dificuldades e que ele faça com que todos os nossos defeitos desapareçam.

O dinheiro pode tornar-se um motivo para não refletirmos sobre os nossos sentimentos, convicções e atitudes. Ele é usado como uma desculpa para ignorarmos outros aspectos importantes da nossa vida. Achamos que, se conseguirmos bastante dinheiro, nada mais terá importância. Nós nos convencemos até de que ter dinheiro nos tornará pessoas melhores.

Os nossos valores pessoais

Se estivermos usando o dinheiro, ou a falta dele, como desculpa para ser infelizes ou adotar um comportamento autodestrutivo, também começamos a ignorar os nossos próprios valores e o nosso senso de ética. Nós nos vemos numa espiral descendente que desculpa qualquer tipo de comportamento ilegal ou anti-ético que resulte em ganho financeiro para nós. Tentamos ignorar a dor interior provocada por esse comportamento negativo, usando cada vez mais dinheiro para ficarmos anestesiados com outros luxos.

Como tratei no capítulo sobre trabalho, não podemos escapar do sofrimento que nos provoca o fato de irmos contra os nossos valores pessoais. De uma maneira ou de outra, vamos nos defrontar com essa dor. A nossa paz interior e felicidade vêm em primeiro lugar, do centro da nossa energia pessoal e da nossa vida. A nossa auto-imagem não pode depender da nossa conta bancária ou dos nossos bens materiais. Se tentarmos viver dessa maneira, teremos de enfrentar a agonia de lutar para equilibrar a nossa profunda dor interior com o nosso conforto exterior. *E isso simplesmente não funciona.*

Jeff diz que esperava que o dinheiro o tornasse um homem bom. Ele achava que ganhar cada vez mais dinheiro, para si mesmo e para a sua família, era a coisa mais importante da vida dele:

— Eu ignorava completamente todo o resto — ele diz. — Nunca abri mão de uma oportunidade de ganhar dinheiro. Era como se essa fosse a única coisa que importava e ela justificava *tudo*. Aos poucos parei de pensar em qualquer outra coisa. Colocava a mão no dinheiro e fazia com que ele rendesse mais dinheiro. Eu me sentia empolgado e poderoso, comprando e vendendo tanto. Era como jogar Monopólio de verdade.

Quando Jeff começou a ter problemas no casamento, com os clientes e com o chefe, ele reagiu com raiva:

— Eu não conseguia entender por que todos estavam me aborrecendo — ele diz.— Eu estava ganhando bastante dinheiro para todos eles. O que mais podia importar? O que é que eles tinham para reclamar? Eu realmente me achava uma pessoa fantástica, já que continuava ganhando cada vez mais dinheiro e não me importava com o que tinha feito ou com o que eu estava ou não fazendo. Foi só quando eu perdi tudo — minha mulher, minha família e meu trabalho — que, à distância, pude ver como deixei que a busca pelo dinheiro tomasse conta de toda a minha vida.

Caras legais — *caras maus*

Como Jeff, muitos de nós desenvolveram uma crença de que os *caras legais são ricos e os caras maus são pobres*. Esse tipo de atitude tem origem na nossa família, nos vizinhos ou na nossa cultura em geral quando somos crianças. O "sucesso" sempre significava ganhos monetários. As pessoas que admirávamos, fossem elas reais ou imaginárias, eram ricas — ou pelo menos mais ricas do que nós.

A crença de que a felicidade depende da riqueza deve ter surgido naturalmente a partir de alguma atitude que as pessoas ricas tomavam e, por isso, achávamos que elas eram, de alguma forma, *melhores* do que nós. Elas devem ter sido invejadas, imitadas e veneradas como seus superiores. Devem ter sido vistas como se estivessem *acima* do resto do mundo, dos seus problemas e sofrimentos. Elas devem ter sido os nossos heróis.

Por outro lado, as pessoas pobres devem ter sido definidas para nós como sujas, preguiçosas e más. Provavelmente aprendemos a detestar aqueles que tinham menos do que nós e a ter medo dessas pessoas. Provavelmente crescemos acreditando nas imagens fictícias de que as pessoas pobres não têm educação, inteligência, modos, higiene, saúde e moral. É bem provável que aprendemos a culpá-las e a julgá-las por sua condição.

Essas convicções e atitudes talvez encontrem-se por trás dos sentimentos que temos com relação ao dinheiro e o efeito que eles causam na nossa auto-imagem. Se temos problemas com dinheiro, achamos que isso significa que, de alguma maneira, somos *maus*; se temos sorte ou sucesso, vemos isso como prova de que somos *bons*. Medir a nossa própria virtude e o valor que temos pelo nosso sucesso financeiro pode tornar-se um caminho sem volta para a depressão, a ansiedade, o medo e o ódio por nós mesmos. Pode ser a maneira que o nosso ego tem para nos manter presos à infelicidade.

Os contos de fadas

Todos os contos de fadas de que posso me lembrar da infância acabavam com alguém vivendo feliz para sempre num castelo, num palácio ou em algum lugar parecido. As crianças pobres e descalças — mas doces e generosas —, quando meninas, transformavam-se em princesas, enquanto os temíveis vilões egoístas — se sobreviviam — acabavam desprezados, desgraçados e reduzidos a andrajos. Nas nossas fantasias da infância, não sonhamos crescer para um dia nos tornar mendigos.

Essa convicção de que o dinheiro e o conforto exagerado são sinônimos de felicidade deve estar firmemente arraigada em nossa mente. Mesmo que outros fatores do ambiente onde crescemos tenham nos mostrado uma história diferente, esse elemento permanece vivo em nossas crenças, inconscientemente. Esperamos ser salvos algum dia pelo príncipe rico que nos fará eternamente felizes. Esperamos que os anos de sacrifício e trabalho duro sejam recompensados com riqueza, luxo e a alegria que essas coisas proporcionam.

A realidade da vida adulta deve parecer cruel e injusta quando comparada a essas fantasias da infância. Ficamos irados e amargos quando o dinheiro e o luxo não nos fazem felizes. Ou passamos a vida toda esperando, planejando, ansiando e nos preparando para que o nosso sonho se torne realidade.

Aceitação da realidade é maturidade. Se nos voltarmos para a visão verdadeira do espírito e nos afastarmos das fantasias do ego e dos contos de fadas, conseguiremos finalmente encontrar a verdadeira alegria, felicidade e paz. O problema não é que ainda não encontramos o nosso pote de ouro no final do arco-íris — é que gastamos o nosso tempo e energia procurando por ele, enquanto que a verdadeira felicidade está o tempo todo debaixo do nosso nariz.

No que diz respeito à nossa verdadeira felicidade interior, o dinheiro simplesmente não importa. Como Joseph Campbell disse em *The Power Of Myth*: "Há alguma coisa dentro de você que sabe quando você está no centro, que sabe quando você está na direção certa ou quando você está fora do caminho. E se sair do caminho para ganhar dinheiro, você perde a vida. Mas se permanecer no centro e não tiver nenhum dinheiro, você continuará tendo a bem-aventurança." Sabemos que a nossa verdadeira felicidade, ou o que Joseph Campbell chamou de "bem-aventurança", vem do nosso eu espiritual mais profundo, e não de qualquer circunstância ou condição externa. Quando permanecemos concentrados no nosso centro espiritual, as nossas condições financeiras têm pouco efeito sobre os estados da nossa mente.

O ÓDIO POR DINHEIRO

Hugh Prather escreveu: "A antiga sabedoria de que o amor pelo dinheiro está por trás de grande parte do mal que há no mundo é verdadeira. E assim, também, são o ódio por dinheiro e o medo dele." O ódio e o medo são a razão para perdermos, usarmos mal ou não sermos capazes de ganhá-lo. Culpamos o dinheiro pela dificuldade que temos de obtê-lo, mantê-lo ou usá-lo com sabedoria. Ficamos ressentidos e zangados com quem tem mais do que nós e os julgamos "maus" de uma forma ou de outra.

Também podemos nos sentir culpados por ter muito dinheiro. Negamos a nós mesmos ou à nossa família coisas que poderíamos facilmente comprar por causa da nossa profunda convicção de que só está certo termos dinheiro se não tivermos prazer com ele. Negamos ou escondemos a nossa riqueza, sentindo-nos constrangidos ou envergonhados por tê-la.

Andrea conta que cresceu vendo a mãe lutar para sobreviver.

— Ela era mãe solteira; tinha quatro filhos para criar e não conseguira sequer o diploma de 2º grau — explica Andrea. — Trabalhava como louca só para pôr comida na mesa. Ela era uma mulher inteligente, trabalhadora, carinhosa e honesta que nunca teve sossego na vida. Eu vi como sua luta para conseguir dinheiro a envelheceu antes do tempo, mas eu sempre a amei e respeitei. Eu achava que as pessoas para quem tudo parecia fácil eram desprezíveis.

Quando adulta, Andrea tornou-se incapaz de aceitar o sucesso financeiro ou de ficar feliz com ele. Ela se sentia culpada de ganhar muito mais dinheiro do que a sua mãe jamais tivera. Conseguiu empregos que pagavam pouco e trabalhava muito mais do que o necessário. Ela diz:

— Na minha cabeça, a minha mãe era uma santa. Como eu poderia crescer e me tornar uma dessas pessoas más que não trabalhavam como escravas e não se sacrificavam o tempo todo? Simplesmente não parecia direito ter mais do que ela.

Também podemos desenvolver um ódio parecido pelo dinheiro se a nossa família tiver sido rica. Se o relacionamento com os nossos pais tiver sido doloroso ou difícil e eles tiverem tido uma boa situação financeira, associamos o dinheiro àquilo que julgamos ser erros dos nossos pais. Nós nos rebelamos contra eles rejeitando o seu ponto de vista sobre dinheiro ou o nível de vida que tinham. Queremos nos afastar de tudo a que eles davam valor.

Caras maus — caras legais

À medida que crescemos, podemos cultivar a idéia de que *os caras maus são ricos e os caras legais são pobres*. Se os nossos heróis tiverem sido os espezinhados, os oprimidos e os pobres, acharemos difícil aceitar a fartura na nossa vida adulta. Se a riqueza tiver sido vista como algo ruim de alguma forma, ou as pessoas ricas tenham sido vistas como opressores, nós, compreensivelmente, talvez não queiramos nos identificar com essas imagens negativas.

Podemos achar que precisamos continuar pobres para nos sentir bem com relação a nós mesmos. Podemos — talvez inconscientemente — sabotar as oportunidades de realizar conquistas materiais. Em nossa mente, associamos culpa e raiva ao dinheiro. Nos sentiremos como um dos "caras maus" se começarmos a ganhar muito dinheiro ou se tivermos muito conforto material.

Se virmos as grandes empresas ou instituições como "milionários safados", achamos que temos o direito de não pagar as contas em dia ou de procurar formas de não pagar o que devemos. "Ah, eles podem arcar com isso" pode ser a nossa desculpa para práticas ilegais ou anti-éticas. Podemos até sentir uma certa satisfação passando para trás alguém ou alguma empresa que, aos nossos olhos, não passa de um desses milionários safados.

O nosso ego envolve-se facilmente nesse jogo de culpa e defesa. Ser um dos caras bons pode ser a justificativa para qualquer atitude que tomemos contra um dos caras maus. Podemos alegar que odiamos o dinheiro e todos os grandes sistemas, além das pessoas que achamos que exercem controle sobre eles, e assim continuamos inexperientes, sem saber como administrá-lo para aumentar os nossos rendimentos.

O MEDO DO DINHEIRO

Todo ódio provém do medo. Temos medo do dinheiro porque não sabemos nada sobre ele. Sentimos medo do dinheiro porque achamos que, se o possuirmos, ele fará de nós um dos caras maus. Temos medo de dinheiro porque não acreditamos merecê-lo. O medo é o exercício favorito do ego e ele pode nos fazer continuar inexperientes, pobres, com raiva, sentindo-nos culpados e sofrendo privações.

Para deixar de sentir medo do dinheiro, precisamos ter a perspectiva realista de que ele é um instrumento para troca de mercadorias e serviços — nada mais, nada menos. Se não tivermos medo dele, poderemos assumir a responsabilidade por nossas finanças de maneira saudável e feliz. Poderemos nos livrar dos jogos de adoração ou ódio que o ego sente por dinheiro, deixar de culpar os outros ou ao próprio dinheiro pelos problemas financeiros que temos e abandonar a expectativa de que o dinheiro resolverá todos os nossos problemas e nos tornará felizes.

AS CRENÇAS SOBRE A ESCASSEZ

Uma das crenças que mais dificulta a nossa relação com o dinheiro é a de que existe pouco dinheiro no mundo. Acreditamos simplesmente que não existe o suficiente para todos. Aceitamos o ponto de vista do ego de que, não importa o quanto tenhamos, estamos deixando alguém mais pobre e que aquilo que as outras pessoas têm está nos privando de algo.

Essa atitude divide a humanidade em duas metades: aqueles que *têm* e aqueles que *não têm*. Os que têm sentem-se culpados e os que não têm sentem raiva. Jamais poderá existir uma postura serena de divisão e distribuição justa nesse aspecto. O ganho de um sempre é a perda de outro. Esse é o ponto de vista do ego, desesperançado e defensivo. Mas, no que mais podemos acreditar quando parece tão difícil progredir financeiramente ou mesmo sobreviver com o nosso orçamento?

Muitos de nós sempre acham que "dão um jeito" — que somos capazes apenas de pagar as contas básicas, nos sustentar e à nossa família. Vivemos pulando de um cheque pré-datado para outro, talvez com muito poucos dias entre a data de pagamento de um e de outro. Pagamos só algumas das nossas contas do mês e as outras no mês seguinte, na esperança de que algum dia acabemos com todas elas. Continuamos dessa maneira, mesmo que o nosso rendimento aumente. Desenvolvemos o hábito de viver com o estritamente necessário, não importa o quanto o nosso rendimento aumente.

Às vezes, sentimo-nos de tal forma vitimados pela falta de dinheiro que não conseguimos sequer gastar o que temos. Ficamos paralisados diante da possibilidade de cometer enganos. Se, ao fazer o jantar, a comida não fica boa ou do nosso agrado, sentimo-nos terrivelmente culpados por jogá-la fora. Sentimos uma profunda sensação de perda por causa de uma mancha numa blusa ou de uma louça quebrada. Achamos que não podemos nos dar ao luxo de ser imperfeitos.

— É como se eu não pudesse correr nenhum risco, porque não há lugar para o erro — comenta uma senhora. — Por isso eu não compro nada que não seja absolutamente necessário e sempre procuro o mais barato possível. Assim, se o que eu comprar sumir, quebrar ou acontecer outra coisa qualquer, não me sentirei tão mal.

Esse sentimento vem da nossa convicção de que o dinheiro é uma fonte limitada a que se deve recorrer, sempre que gastamos algum dinheiro.

Mudar o nosso comportamento

À primeira vista, a escassez pode parecer uma visão realista do mundo. Existe uma quantidade limitada de recursos que precisam ser repostos e usados parcimoniosamente. E o ser humano tem capacidade para fazer isso de maneira responsável. Além disso, novos recursos sempre estão sendo descobertos. Não há limite para a expansão do conhecimento e da engenhosidade humanos.

Também não há limite para a capacidade que o nosso espírito tem de compartilhar e ser generoso. Somente o nosso ego sente-se ameaçado pela idéia de que os recursos são limitados. O nosso espírito sabe que o universo é ilimitado e farto. Esse conhecimento faz com que o nosso espírito esteja completamente seguro e não tenha medo.

Se achamos que simplesmente não ganhamos dinheiro suficiente para ter as coisas de que realmente precisamos, podemos pedir ajuda. Consultores financeiros podem nos ajudar a planejar o nosso orçamento, a pagar as nossas dívidas e a administrar o nosso dinheiro da melhor maneira possível. Pode haver muitas outras alternativas para nós do que jamais imaginamos. Mas não podemos aproveitar todas as possibilidades se não procurarmos ou aceitarmos a ajuda de que precisamos.

Os jogos que o nosso ego executa — falso orgulho, ignorância, raiva e a crença de que não temos o suficiente — só cria comportamentos autodestrutivos. Contudo, podemos adotar um outro ponto de vista. Podemos abandonar a falsa crença de que vivemos num mundo cheio de privações, dividido entre os que *têm e os que não têm*. Podemos nos abrir para a abundância infinita do universo.

Crenças sobre a privação

Às vezes, deixamos de receber todas as coisas boas que podem vir para nós simplesmente por acreditarmos, talvez num nível profundamente inconsciente, que não as merecemos. Pode ser que tenhamos uma programação obsoleta e negativa nos dizendo que todas as coisas boas que queremos são para os outros, não para nós. Quando estávamos em fase de crescimento, é provável que nunca tenhamos visto um adulto importante em nossa vida ter estabelecido um objetivo, trabalhado para alcançá-lo e conseguido realizá-lo.

Se quisermos ter fartura e tranqüilidade financeira em nossa vida, a imagem que temos de nós mesmos precisa mudar. Não estou me referindo necessariamente à riqueza; mas à capacidade de lidar com o dinheiro de forma descontraída, livre de ansiedade e *stress*. Significa aceitar as coisas boas que chegam até nós através do fluxo natural de energia positiva que existe no mundo. Significa mudar o nosso comportamento.

Mesmo que coisas maravilhosas estejam ao nosso alcance agora mesmo, não podemos vê-las ou aceitá-las se acharmos que não as merecemos. Como Melody Beattie escreve em seu livro *Beyond Codependency*: "O pensamento negativo, a crença na falta, faz com que as coisas desapareçam." Sabotamos as nossas oportunidades de prosperar, quando nos recusamos a ver que as merecemos. O nosso ego nos impede de pensar de outra maneira, convencido de que está nos protegendo contra a decepção e a rejeição. Mas, na realidade, ele está só nos mantendo presos à miséria e à privação.

O feriado da primavera

Durante sua infância, em Michigan, Nate conta que, numa certa ocasião, todos os seus amigos iam para a Flórida, no feriado da primavera. Os pais dele disseram que não podiam pagar a viagem, e ele se sentiu culpado por querer ir. Na faculdade, Nate trabalhava, mas parecia que nunca era capaz de juntar dinheiro suficiente para viajar com os amigos.

— Mesmo agora, depois de trabalhar há anos e estar me sustentando, nunca vou a lugar nenhum nas férias — ele conta. — Simplesmente parece que isso não se encaixa no meu orçamento, não importa quanto eu ganhe. Quando tenho alguma folga no trabalho, fico arrumando a casa ou descansando. É como se eu tivesse um bloqueio mental com relação à idéia de sair de férias — isso simplesmente parece não ter nada a ver *comigo*.

A auto-imagem de Nate, formada quando ele estava na fase de crescimento, fazia com que ele ficasse em casa enquanto todos os amigos saíam de férias. Era o que ele estava acostumado a fazer, e que passou a achar certo para si. Isso não tinha nada a ver com o fato de ele poder ou não pagar a viagem. Tinha somente a ver com as atitudes e convicções dele.

Geralmente, quando algo não está de acordo com a nossa auto-imagem, não conseguimos sequer enxergar as oportunidades que temos de fazer essa determinada coisa. Dizemos ou pensamos: *Quem? Eu? Comprar um carro novo? Comprar uma casa? Sair de férias?* Nem sequer pensamos essas coisas conscientemente, só temos uma sensação de mal-estar relacionada a idéia de que estamos passando dos limites que a nossa auto-imgem limitada nos impôs.

UMA NOVA AUTO-IMAGEM

Aprender a reconhecer que merecemos todas as coisas boas da vida não significa satisfazer todo pequeno capricho ou vontade que tivermos. Não significa comprar um monte de coisas de que não precisamos ou que nem queremos de fato, só para incharmos o peito e dizer: "Eu mereço isso". Significa abandonar a confusa auto-imagem que temos de que não podemos ter as coisas de que precisamos ou que queremos. Significa abandonar a ilusão de que, de alguma forma, não merecemos ter dinheiro na mesma medida que os outros merecem.

Às vezes, aceitar que precisamos de alguma coisa ou a queremos significa nos sacrificar um pouco e guardar dinheiro para o que queremos ter. Às vezes, significa escolher entre uma coisa e outra, quando podemos só ter uma delas. Isso não é o mesmo que privação autoimposta, pois esse sacrifício é razoável, temporário e nos ajuda a conquistar algo de bom.

Quando abandonarmos a idéia que o nosso ego tem de que não somos merecedores ou de que somos incapazes de ter prosperidade e gozar de boas condições financeiras, poderemos começar a deixar a abundância fluir em nossa vida. Podemos deixar de nos agarrar a coisas que realmente não queiramos, a não ser para aliviar o sentimento de privação do ego, e aceitar as coisas que de fato aumentam o nosso bem-estar. Podemos deixar o nosso espírito calmo, feliz, pleno e, então, ficar em paz.

O FLUXO DE ENTRADA E O FLUXO DE SAÍDA DE DINHEIRO

Em sua peça de teatro *The Matchmaker*, Thornton Wilder escreveu: "O dinheiro é como estrume; ele não vale nada a menos que se espalhe, estimulando o desenvolvimento de coisas novas." Ele deve fluir, circular em toda a comunidade, para manter o mercado ativo e as pessoas abastecidas com as coisas de que precisam e que querem. Se segurarmos o dinheiro, interromperemos o fluxo e começaremos a estagnar.

Para nos abrir tanto para o fluxo de entrada como para o fluxo de saída de dinheiro, a primeira coisa que devemos fazer é *aprender* sobre isso. Um marido que diz: "Ah, minha mulher paga todas as contas", ou uma mulher que diz: "O meu marido cuida de todas as coisas" estão deixando de lado uma grande parte da vida. Saber um pouco mais sobre dinheiro é mais do que simplesmente pagar as contas ou manter em dia o controle dos cheques emitidos. Também é compreender o que é dinheiro e o papel que ele tem na nossa vida. Significa cuidar de nós mesmos, zelar pelo nosso poder pessoal e assumir a nossa responsabilidade.

O casal pode aprender essas coisas junto, ou procurar um lugar onde ambos aprendam todos os aspectos das finanças. *Todos* nós precisamos aprender sobre contas bancárias, taxas de juros, crediário, impostos e tudo o que afeta as nossas finanças. Caso contrário, não teremos condições de fazer as melhores escolhas ou tomar as melhores decisões no que diz respeito ao dinheiro, e não conseguiremos deixar de lado as opiniões negativas e incorretas que temos sobre ele. Essa atitude é necessária para facilitar o fluxo do dinheiro que entra e sai na nossa vida.

Quando o dinheiro flui, podemos concentrar a nossa energia em outras coisas. Como Hugh Prather escreve: "O dinheiro não é importante; no entanto, faça o que for possível para não ter de se preocupar com ele." Para não ficar preocupados com dinheiro, temos de aprender tudo o que precisamos saber sobre ele; analisar os nossos sentimentos a esse respeito; deixar de lado as nossas antigas crenças, suposições e medos sobre dinheiro; e começar a deixá-lo fluir suavemente nos dois sentidos.

O fluxo de entrada de dinheiro

O fluxo de entrada quer dizer aceitar o dinheiro que pode vir para nós. Para isso, precisamos abandonar qualquer crença obsoleta, como a de que não merecemos ter dinheiro ou de que não podemos ter o suficiente para viver bem. Isso também significa abandonar o ressentimento que temos das pessoas, que, a nosso ver, têm mais dinheiro do que nós e adotar uma atitude de generosidade e abundância com os outros. Isso quer dizer saber que a riqueza não nos fará felizes e que a pobreza não nos tornará santos.

Para podermos aproveitar todas as possibilidades de ter abundância na vida, temos de deixar de lado os nossos sentimentos de raiva, ressentimento, culpa e medo. Temos de abandonar as nossas convicções sobre privação e abrir a nossa mente para a idéia de infinita abundância do universo. Também temos de aceitar a noção de que essa infinita prosperidade está ao nosso dispor. Temos de parar de adorar ou detestar o dinheiro e reconhecer o verdadeiro papel que ele tem no mundo.

Quando deixamos de lado as ilusões sobre nós mesmos, sobre o mundo e sobre o dinheiro, podemos começar a sentir prazer com o dinheiro que temos, sem culpa, ansiedade, medo ou angústia. Podemos começar a gostar do nosso dinheiro e das coisas que compramos com ele. Podemos adotar uma atitude de gratidão e deixar que ele flua suavemente em nossa vida.

O fluxo de saída de dinheiro

O fluxo de saída de dinheiro é tão importante quanto o fluxo de entrada para que a energia monetária esteja em movimento. Precisamos deixar de lado todas as coisas antigas de que não precisamos. O livro de meditação *God Calling* nos diz: "Quando a reserva de dinheiro tiver acabado... olhe ao redor para ver do que você pode abrir mão. Abra mão de alguma coisa. Sempre há uma estagnação, um bloqueio, quando a reserva financeira diminui. Se abrir mão de alguma coisa, você se desvencilhará dessa estagnação ou bloqueio." Dê uma olhada nas suas coisas e jogue fora tudo que não lhe sirva mais ou que não tenha mais utilidade. Uma maneira prática de fazer isso é jogar o que você não usou no ano anterior — o que geralmente indica que é pouco provável que você volte a usá-lo.

Em geral, temos muito medo de jogar as nossas coisas fora assim. Especialmente se tivermos vivido momentos de pobreza e privações no passado, sentimos-nos de alguma forma protegidos pelas coisas que temos, mesmo que nunca as usemos. Mas jogá-las fora realmente é a melhor forma de manter a energia fluindo, de abrir caminho para que coisas novas venham até nós. Se não estivermos usando as coisas que temos, elas estarão simplesmente bloqueando a nossa capacidade de ajudar os outros e de receber mais coisas para nós mesmos. Se as jogarmos fora, outras pessoas poderão usá-las, e o fluxo continuará desimpedido.

O dinheiro pode fluir da mesma maneira que as coisas materiais. Sempre que pagamos as contas, compramos coisas de que precisamos, ou doamos dinheiro a alguma instituição de caridade, estamos contribuindo com o fluxo. Não estou defendendo muitos gastos ou dívidas — somos sempre responsáveis pelo uso adequado do nosso dinheiro. Porém, em geral deixamos de comprar as coisas de que gostaríamos por receio de não conseguirmos ganhar mais dinheiro depois de gastarmos o que temos.

Pensar na prosperidade

Quando Joseph Campbell voltou da Europa, onde estudava, em 1929, a bolsa de valores quebrou, e os trabalhos ficaram escassos pelos cinco anos seguintes. Mesmo assim ele disse: — Aquele período foi maravilhoso para mim. Eu não me sentia pobre. Sentia apenas que não tinha mais nenhum dinheiro.

Houve algum momento em sua vida que você se sentiu verdadeira, completa e totalmente feliz, independentemente das suas condições financeiras? Talvez você estivesse apaixonado ou tivesse tido um filho ou se recuperado de alguma doença. Talvez a sua mente estivesse totalmente absorvida por algo maior do que você mesmo — uma causa social ou política, ou o bem-estar de outra pessoa. Talvez você estivesse tão concentrado em aprender — seja na escola, no trabalho ou nos seus relacionamentos — que esqueceu um pouco do dinheiro.

Esses momentos podem nos ensinar como deixar de lado o amor insaciável do nosso ego por conquistas materiais. Eles podem nos fazer lembrar de que a felicidade nada tem a ver com dinheiro. Eles podem nos ajudar a relaxar e a confiar na abundância do universo que vem até nós quando concentramos a nossa energia no que precisamos fazer e aprender no mundo.

"Deus proverá"

— Eu costumava ficar completamente obsecado com a idéia de ganhar dinheiro — conta Marvin. — Essa era a coisa mais importante da minha vida. Tudo o que fazia, cada decisão que tomava, de alguma forma estava ligada a ganhar cada vez mais dinheiro. Eu pensava que estava só fazendo o que todo o mundo fazia ou deveria estar fazendo para ter uma vida boa, para progredir.

— Eu tinha alguns amigos, que não ligavam para nada — Marvin continua. — Eu achava que eles eram burros, até mesmo *loucos* por causa das decisões que tomavam: decisões baseadas em coisas como sentimentos, intuições e ideais morais. Eu achava que não havia nada de errado nisso, mas negócios são negócios. Quando eu tentava dar algum conselho, eles simplesmente sorriam e diziam coisas como "Deus proverá". E era isso o que me fazia achar que eles estavam loucos. Mas eles continuavam não ligando para nada e depois de um certo tempo as coisas acabavam dando certo para eles. Agora todos têm famílias maravilhosas e casas lindas, e são as pessoas mais felizes que eu conheço.

Quando vemos o mundo como um lugar bonito e farto, com recursos suficientes para todos, é nisso que ele pode se tornar. A fé e a confiança no Poder Superior e na nossa própria capacidade de dar uma contribuição positiva para o mundo e de sermos uma parte do fluxo de energia pode fazer isso acontecer. Isso é o que significa ter uma atitude de prosperidade — enxergar o mundo com o ponto de vista afetuoso do espírito, que sabe que sempre há muito para se buscar. Temos somente de esfriar a cabeça e deixar as coisas acontecerem.

O que significa viver com abundância?

Viver com abundância não significa conseguir tudo o que se quer. O consumo compulsivo só demonstra que temos medo do dinheiro e pensamentos confusos sobre ele. Todos somos capazes de determinar para nós mesmos quais são as coisas de que precisamos e que queremos. Contudo, devemos sempre analisar *por que* queremos alguma coisa.

Você sente necessidade de impressionar os outros ou algumas vozes desaprovadoras do passado? Você acha que ter mais dinheiro o protegerá dos relacionamentos ou dos problemas que causam sofrimento? O dinheiro desvia sua atenção da necessidade de resolver conflitos em outros aspectos da vida? Ou você está se privando de sentir medo da perda ou pode achar que não merece? Você acha que, na verdade, não existe o suficiente para todos? Você acredita que, se tiver muitos bens ou sucesso, privará os outros de ter coisas parecidas? Você acredita que o sucesso dos outros impede você de alcançar esse mesmo sucesso?

Quer sejamos muito ou pouco indulgentes com a necessidade que temos de dinheiro e de bens materiais, o nosso ego sempre está insatisfeito. Quando encontramos o nosso próprio nível de equilíbrio usando a orientação e os valores do espírito, podemos descobrir um confortável fluxo de abundância em nossa vida.

O CAMINHO DO MEIO

O ponto de vista do nosso espírito no que diz respeito a dinheiro é de neutralidade. Ele não pode odiá-lo ou adorá-lo porque sabe que o dinheiro não é realmente importante. Porém ele *é* algo com que temos de lidar e tão cedo não vai desaparecer. Por isso, no ponto de vista amoroso do espírito, convém cuidarmos dele da melhor maneira possível, para que possamos voltar a nossa atenção para outras coisas.

Platão escreveu: "O dinheiro é o pai do luxo e da indolência; a pobreza, da maldade e da corrupção, e ambos da insatisfação." Buda ensinou o "Caminho do Meio" — que os extremos, seja de riqueza ou de pobreza, não são a melhor maneira de uma pessoa viver. Somente quando o dinheiro não é, de uma maneira ou de outra, o ponto central da nossa vida, podemos observar a distância, enxergar o que ele realmente é e deixar que ocupe o seu devido lugar em nossa vida.

O lugar mais apropriado para o dinheiro em nossa vida é onde não tenhamos de pensar muito nele. Precisamos de dinheiro suficiente para viver, para nos sustentar e à nossa família. Precisamos do que precisamos — nem mais, nem menos. O conforto é algo aceitável, o luxo tende a dar muito trabalho e exige muito da nossa atenção.

Essas afirmações são, é claro, relativas. E precisaremos estabelecer certas distinções. Mas a coisa mais importante de que precisamos nos lembrar é que o dinheiro não é importante por si só. Como Hugh Prather escreveu: "Diferentemente das pessoas, o dinheiro é o que o dinheiro faz." Quando usamos o dinheiro como instrumento para adquirir coisas como educação, alimentação, saúde, casa e bem-estar, e para podermos ser generosos, cuidar dos outros e ajudá-los, ele se torna uma parte do fluxo natural do amor e da energia positiva do mundo. E ele não pode servir para nenhum outro propósito que não seja esse.

Exercícios

Exercício Um

Aprenda sobre o dinheiro. Aprenda tudo o que puder sobre o dinheiro para ter uma perspectiva realista dele e para saber administrar o seu. Faça cursos, faça perguntas, leia todo material disponível que o seu banco, a sua companhia de seguros e outras instituições financeiras mandam para você. Saiba tudo sobre conta bancária, taxas de juros, impostos, crediário e seguros, para que você possa compreender todas as opções que tem e as escolhas que pode fazer. Examine as suas contas e tente entendê-las a fundo. Telefone para o banco se tiver dúvidas. Procure um consultor financeiro se você precisar de ajuda para fazer o seu orçamento e administrar o seu dinheiro.

Exercício Dois

Fluxo de saída de dinheiro. Dê uma olhada em todas as suas coisas e jogue fora o que não estiver usando. Doe alguns alimentos para uma instituição de caridade. No Natal, jogue algumas moedas no balde do Exército de Salvação, sempre que passar por um. Quando você vir um cofre perto de uma caixa registradora com o pedido de uma doação para uma causa de caridade, jogue o troco nela sempre que receber o pagamento, dê algum dinheiro para uma instituição beneficente da comunidade. Faça esse tipo de coisa regularmente até que se torne um hábito.

Capítulo Nove

A Saúde e o Envelhecimento

Só para você saber — sempre há algo mais.
— Gilda Radner

A comediante Gilda Radner morreu aos 42 anos, depois de lutar dois anos contra um câncer no ovário. O seu livro *It's Always Something* descreve a esperança, a coragem e o humor com que ela encarou essa batalha. Ele também descreve o medo, a raiva e a dor que sentiu.

Uma doença crônica, que debilita a saúde ou que ameaça a vida, pode provocar todas essas reações e muitas outras. O nosso corpo pode chamar a nossa atenção através da dor e da falta de energia, forçando-nos a encarar novos desafios. Somos *desafiados a mudar* o nosso comportamento habitual, a nossa auto-imagem, as nossas opiniões e as nossas atitudes. Somos *desafiados a escolher* como vamos enfrentar essas mudanças e se as aceitamos ou resistimos a elas. Somos desafiados a encontrar e a manter a nossa paz interior e felicidade, apesar da nossa condição física.

SEMPRE *HÁ* ALGO MAIS

Nem sempre consideramos a doença como uma coisa normal ou mesmo saudável. Contudo, o corpo humano foi projetado para ficar doente e constantemente fica. Como Paul Pearsall escreveu: "A doença é algo saudável, faz parte da vida e não significa que você tenha, de alguma maneira, fracassado." Muitos de nós teimam em negar a doença que têm em vez de aceitá-la, e por isso não conseguem aprender com ela. A aceitação não significa nos resignarmos a prognósticos sombrios acerca do nosso futuro; ela significa viver plenamente cada momento de cada dia, mesmo que ele traga a doença ou a deficiência física. Significa reconhecer essa realidade física e viver com ela, em vez de ignorá-la ou negá-la.

Todos podemos aceitar nossas condições físicas, independentemente dos desafios que enfrentamos. Mas, primeiro, temos de avaliar nossos pontos de vista sobre a doença e a deficiência. Temos de abandonar a resistência que temos à realidade da saúde imperfeita. Temos de reconhecer as atitudes e convicções que nos mantêm presos ao medo e à negação. Temos de abandonar as expectativas irreais que temos sobre nós mesmos e sobre o nosso corpo.

A BUSCA DA PERFEIÇÃO

A nossa cultura idolatra a saúde e o corpo perfeitos. Qualquer desvio dessa imagem de força, resistência e total capacidade física, cultuada pela maioria das pessoas, geralmente é vista como uma deficiência e nos sentimos envergonhados e nos culpamos por ter características imperfeitas. Tentamos negar ou esconder as nossas verdadeiras limitações humanas. Gastamos muito tempo e energia buscando um ideal de saúde e de condicionamento físico.

Temos de abrir mão do álcool, do cigarro, da carne vermelha, da cafeína, do sal e do açúcar. Temos de correr, nadar, praticar esportes, fazer ginástica aeróbica e meditar. Temos de beber água mineral e nos alimentar com pouca gordura, muita fibra e pouco colesterol. Você pode achar que assim realmente atingiremos a perfeição e que nos sentiremos perfeitos todo o tempo. Mas parece que a coisa não funciona bem assim. Como Gilda Radner disse: "Sempre há algo mais", e reagimos a essa realidade como à Lei de Murphy, com raiva e ressentimento.

A perfeição é tão impossível na área da saúde quanto em qualquer outro aspecto da vida. Não podemos controlar essa realidade. Nós *podemos* controlar as nossas reações diante dela. Podemos aceitar que o nosso corpo precisa de uma certa dose de atenção, isto é, de exercícios, descanso e alimentação. Mas, mesmo a maior atenção nessas áreas não garantirá o fim da doença, da dor, do ferimento ou da deficiência física. Podemos aprender a viver feliz e de forma plena com a realidade da imperfeição do nosso corpo.

Brincar com a saúde

Uma das maneiras mais freqüentes de tentarmos negar e controlar o nosso corpo é nos forçando a atingir um ótimo desempenho físico, mesmo quando não estamos nos sentindo bem. Os atletas que entram numa competição machucados ou doentes são admirados e congratulados por seu comprometimento com o esporte e a sua perseverança. Mesmo que a escolha comprometa a saúde dele ou a parte do corpo machucada, ela é considerada uma atitude admirável de sacrifício próprio em favor do jogo ou do time.

Calvin, um amigo de Roger, era a estrela do time de basquete da escola de 2º grau onde estudavam. Roger conta:

— Jogamos juntos no time desde que começamos o 2º grau, mas já jogávamos basquete no parque e no estacionamento desde que éramos garotos. Adorávamos jogar e estávamos realmente orgulhosos de irmos para uma escola que participava do campeonato todos os anos. No ano da nossa formatura, a temporada foi a melhor que jogamos e realmente ficamos empolgados com as finais do campeonato.

Mas, nas finais, Calvin tinha pego a gripe de Hong Kong, que naquele ano tornara-se uma epidemia. Ele não perdeu nenhum jogo, embora tivesse ficado realmente doente durante semanas. Embora não parecesse, ele disse que se sentia bem o suficiente para entrar no último grande jogo. Calvin participou do jogo, fez vários pontos, nós ganhamos e ele saiu do estádio numa ambulância. Ele nunca mais recuperou a consciência e morreu alguns dias depois.

Roger diz que a morte de Calvin afetou sua postura diante dos esportes:

— Calvin sempre achou bacana jogar machucado — ele diz. — Isso era sinal de que você era valente, comprometido com o time e digno de confiança. Mas eu não pensava mais assim. O enterro de Calvin foi um grande acontecimento na escola. Ele era um verdadeiro herói. Tinha, literalmente, dado a vida pelo time de basquete da escola. Isso era ridículo. Foi uma grande *estupidez* ele ter jogado naquele jogo. E daí se Calvin não tivesse jogado por causa da gripe? Eu teria feito qualquer coisa para ter Calvin de volta — isso era tudo o que importava.

A obra *Course in Miracles* nos diz para "reconhecer o que não tem importância". O nosso ego sempre nos convence de que muitas coisas são mais importantes do que cuidar da nossa saúde: o prestígio, os campeonatos e a nossa auto-imagem de pessoas valentes e perfeitas. Fazendo uma retrospectiva, é fácil ver que a saúde de Calvin era muito mais importante do que qualquer jogo de basquete. Mas quantas vezes esperamos até que seja tarde demais para encarar a realidade das nossas limitações físicas? Quantas vezes vamos trabalhar com um resfriado ou com uma gripe? Pensamos na possibilidade de ficar mais doentes ou de contaminar os nossos colegas de trabalho? Reconhecemos a nossa incapacidade de ter um ótimo desempenho quando não estamos nos sentindo bem? Nós nos sentimos engrandecidos com o nosso sacrifício, ou ressentidos quando notamos que os outros *esperam* que nós demonstremos não importa o que seja? Os adultos deveriam ser capazes de determinar quando estão ou não estão bem para trabalhar, passear ou viajar. Ser responsáveis por nós mesmos também quer dizer saber como e quando dizer não.

A doença

Às vezes, somos atacados por uma doença que não podemos ignorar. Nosso corpo nos dá sinais disso de maneira inconfundível. Sabemos que alguma coisa está errada e, depois de tentar em vão negar ou ignorar o fato, somos obrigados a encará-lo. Isso em geral acontece quando começamos a tentar controlar a doença. Vamos ao médico esperando ficar rapidamente curados. Mudamos temporariamente o nosso comportamento, esperando que medidas preventivas revertam o problema físico que já está presente. Tentamos fazer barganhas com Deus.

Antes de encarar a realidade da nossa condição física, nossa primeira reação é nos apegar a fantasias. Insistimos em cultivar expectativas irreais, com medo de encarar a verdade. Agarramo-nos teimosamente às nossas ilusões e pretensões, em vez de aprendermos a conviver com a situação da melhor forma possível. Evitamos o quanto podemos aceitar a doença e a crescer através dela.

A doença é uma realidade da vida. Todos nós vamos passar por isso em algum momento. Às vezes, ela vai e vem rapidamente; em outras, ela dura anos. Às vezes, os sintomas aparecem e desaparecem esporadicamente; outras vezes, a dor ou a debilidade física não nos deixa esquecer dela. A doença pode acabar com as nossas capacidades físicas, com o nosso bem-estar e até com a nossa vida. O desafio é não deixar que ela acabe com a nossa capacidade de viver em paz e contentes.

As crianças e a doença

As crianças parecem lidar com as doenças crônicas, traumáticas ou com a invalidez melhor que os adultos. Elas não parecem gastar tanto tempo e energia se culpando, com raiva, desanimadas, preocupadas e ressentidas por causa de todas as coisas que não podem fazer. As crianças são bem-humoradas e aceitam os fatos. Se tivermos uma certa doença desde a infância, como o diabetes, provavelmente teremos muito menos problemas para lidar com ele do que se o tivéssemos contraído quando adultos, pois estamos habituados com ele; ele acaba por se tornar um estilo de vida. Porém, quando nos deparamos com alguma coisa nova na idade adulta, geralmente resistimos à mudança.

Podemos aprender com as crianças que convivem com doenças e com a invalidez, e também podemos descobrir a criança dentro de nós, que está sempre pronta para encarar a realidade e para se adaptar a ela. Podemos descobrir a esperança, a coragem, a fé e o bom humor que nos ajudem a aceitar novas experiências. Podemos deixar de lado a idéia de que precisamos ter certas qualidades e capacidades físicas para encontrar a paz e a felicidade. Podemos nos concentrar em viver plenamente, dia após dia, cada momento, como as crianças fazem.

A nossa auto-imagem

Grande parte da dificuldade que temos para aceitar as mudanças físicas deve-se à nossa auto-imagem. Nós não somos o nosso corpo, as nossas doenças ou deficiências físicas. Continuamos e seremos sempre seres humanos dignos, íntegros e valiosos. Merecemos respeito e compreensão, até mesmo de nós mesmos. A doença não precisa destruir a nossa identidade. Sempre seremos nós mesmos, não importa que mudanças o nosso corpo sofra.

Gilda Radner escreveu as palavras a seguir depois de meses de tratamentos; como a quimioterapia e a conseqüente perda dos cabelos. Ela começa se apresentando: "Eu costumava ser Gilda Radner." E explica: "Era assim que eu me sentia. Eu costumava ser ela, mas agora sou outra pessoa." Ter uma doença ou deficiência física não muda quem somos. Às vezes sentimos como se a doença tomasse conta de nós, mas temos o poder de resgatar a nossa própria identidade pessoal, como um ser humano integral.

A aceitação de ajuda

A princípio, não gostamos da idéia de ter de aceitar ajuda, mas isso pode ser uma enorme experiência de aprendizado. Ela pode nos aproximar das outras pessoas e nos dar a oportunidade de ajudá-las, fazendo-as se sentir úteis e capazes. É só o orgulho e o medo da dependência que o nosso ego tem que fazem com que tenhamos dificuldade em receber ajuda. Às vezes, precisamos aprender a fazer as coisas por nossa própria conta, mas aprender quando é conveniente aceitar a ajuda dos outros é um grande passo para deixarmos de lado a ilusão de que somos perfeitos.

Não somos perfeitos. Às vezes, precisamos de ajuda. Às vezes, sentimos dor. Às vezes, não podemos fazer tudo o que queremos por causa de algum problema físico. Às vezes, precisamos aprender novas maneiras de viver, de nos movimentar, ouvir, falar ou desempenhar nossas tarefas físicas. A única coisa que não precisamos aprender novamente é *ser*. Sempre temos dentro de nós um lugar de perfeita calma, paz, amor e aceitação. Esse centro do nosso eu verdadeiro está sempre ao nosso alcance, não importa o que esteja acontecendo com o nosso corpo. Podemos ir para esse lugar sempre que as condições externas do nosso eu físico provocarem dor ou sofrimento. Isso não fará o mal-estar ou a dificuldade desaparecer, mas nos fará lembrar de quem realmente somos e nos levará de volta para o nosso centro espiritual.

As doenças crônicas

Corinne sofria de enxaqueca desde quando se conhecia por gente. Ela havia tentado todos os tipos de remédios, dietas e técnicas de relaxamento para evitá-la e controlá-la, mas continuava com dor. Ela diz:

— Algumas das coisas que tentei parecem ter me ajudado a sentir dor de cabeça com menos freqüência, mas nada a fez desaparecer e nada realmente acabava com a dor depois que a enxaqueca começava.

— Para as pessoas que nunca tiveram uma enxaqueca, provavelmente não há nada que eu possa dizer para realmente descrevê-la — Corinne continua. — A dor é diferente de qualquer coisa e sei muito bem como ela é quando a sinto. Não consigo trabalhar, não consigo lidar com as outras pessoas e não suporto a luz ou o barulho. Deitar num quarto escuro é tudo o que posso fazer e mesmo assim continuo não me sentindo bem.

— Antigamente eu tentava ignorar a enxaqueca na esperança de que ela fosse embora; relaxava e tomava remédios na esperança de que ela desaparecesse. Forçava-me a continuar realizando as minhas atividades normais e agüentava as pessoas dizendo coisas tolas como: "Você já tentou tomar uma aspirina?".

— Agora aprendi a conviver com a minha enxaqueca, a reconhecer quando está vindo, a aceitá-la e a fazer o que tenho de fazer com ela. Procuro fazer tudo o que for possível para que ela ocorra com menos freqüência, mas agora sei que provavelmente continuarei sofrendo de enxaqueca de tempos em tempos e aprendi a aceitar o fato. Quando isso acontece, faço o que tiver de fazer para agüentar e sei que ela irá embora quando tiver que ir. Não fico zangada com isso e não espero uma cura milagrosa. Aprendi a aceitar essa realidade e a lidar com ela. É só uma parte normal da minha vida — uma pequena parte da minha vida.

Podemos aprender a conviver com qualquer doença crônica se antes de mais nada admitirmos que a temos e depois aprendermos tudo o que for possível sobre ela; fazer o que estiver ao nosso alcance para minimizar seus efeitos negativos e aceitá-la sem raiva, sem nos culpar ou ter idéias fantasiosas a respeito. Seja a perda da audição ou da visão, diabetes, tensão pré-menstrual, enxaqueca ou qualquer outra coisa, podemos adotar a atitude positiva que está ao nosso alcance e desistir da necessidade que temos de controlar aquilo sobre o que não temos controle.

Isso significa ser um participante ativo do nosso tratamento. O médico pode prescrever uma receita para nós, mas temos de segui-la à risca, observar os resultados, incluindo os efeitos colaterais, e relatá-los ao médico. Ele pode dizer que precisamos fazer exercícios regularmente, mas *nós* temos de encontrar um tipo de exercício que se encaixe no nosso horário e estilo de vida, e *fazê-lo*. O nosso médico pode recomendar mudanças alimentares, mas *somos nós* que colocamos a comida na boca.

Ouvir as mensagens

Também somos nós os únicos que vivemos no nosso corpo. Temos de sentir o nosso corpo e captar as mensagens que ele nos transmite. Corinne, por exemplo, notou o que parece ser uma correlação entre a sua enxaqueca e o açúcar. Ela diz:

— Não preciso das pesquisas de uma universidade conceituada provando que o consumo de açúcar pode provocar a enxaqueca. Eu simplesmente evito o açúcar. Isso não é nada demais, é só algo que eu notei e fiz alguma coisa positiva a respeito. Talvez isso não funcione para outra pessoa, mas parece me ajudar, então eu faço.

Se você come alguma coisa diferente, e ela faz você ficar muito doente, provavelmente você não irá comê-la de novo. O corpo humano sempre nos dá mensagens muito claras quando alguma coisa não está bem. Contudo, às vezes as mensagens são mais sutis, e temos de prestar mais atenção. Às vezes, a doença é uma maneira de nos forçar a descansar, a ir mais devagar, a mudar os nossos hábitos alimentares, a fazer uma pausa ou a abandonar algum comportamento prejudicial. Às vezes, ela pode nos fazer despertar para todos os tipos de talentos, habilidades e características que jamais imaginávamos ter.

Uma coisa que temos de nos lembrar sobre as mensagens do nosso corpo é não usá-las como uma desculpa para nos sentir culpados ou preocupados. Por exemplo, não nos ajudará em nada ficar tristes ou com raiva de nós mesmos por não termos nos alimentado adequadamente. Ao contrário, podemos ouvir as mensagens que o corpo transmite sobre a nossa alimentação e passar a comer coisas mais saudáveis *a partir de então*. Também precisamos evitar procurar freneticamente um motivo ou qualquer outra coisa para nos culpar pelos nossos problemas físicos. Às vezes, simplesmente não conseguimos ver o motivo, mas não há nada de errado nisso. Culpar a nós ou culpar os outros nunca ajuda ninguém. Simplesmente temos de estar abertos para a sabedoria que o nosso corpo pode nos ensinar, e não criar mensagens fantasiosas para satisfazer o sentimento de culpa e as defesas do nosso ego.

As deficiências físicas

Deficiências específicas requerem mudanças específicas no comportamento e nos hábitos. Aprender a usar um andador, uma cadeira de rodas ou algum tipo de prótese pode ser a diferença entre a mobilidade e a imobilidade, a dependência e a independência. Se temos uma deficiência, isso significa que temos de nos dispor a fazer as coisas *de maneira diferente*. Somos desafiados a atender todas as nossas necessidades e a realizar tudo o que pudermos da maneira que pudermos. Qual o problema de não fazermos as coisas da maneira que as outras pessoas fazem ou da maneira que fazíamos antes?

As realizações de pessoas como Helen Keller (*The Miracle Worker*) e Christy Brown (*My Left Foot*), apesar das suas debilidades físicas, são muito conhecidas. Mas existem milhares e milhares de pessoas que se defrontaram com todos os tipos de deficiências e que aprenderam a conviver plenamente com elas, mas não são tão conhecidas. Quando temos de aprender a conviver com uma debilidade física, essas pessoas podem nos dar uma valiosa ajuda e compreensão. Assim como as pessoas que se recuperam do álcool, aqueles que eram viciados em drogas e outros vícios compartilham as próprias experiências e dão sua ajuda em grupos de apoio, as pessoas com deficiências físicas podem ajudar-se mutuamente.

Uma das maiores dificuldades que as pessoas têm para se adaptar à condição de deficiente pode ser a reação das outras pessoas. Infelizmente, ainda hoje a deficiência física causa medo e uma reação de defesa no nosso ego. Quando encontramos alguém com uma deficiência, sentimo-nos confusos e inseguros quanto à melhor forma de agir. Ficamos imaginando se devemos oferecer ajuda ou se isso seria um insulto; se deveríamos comentar sobre a deficiência ou fingir não percebê-la. Ficamos imaginando se fazer perguntas seria grosseiro, mesmo que isso nos ajudasse a compreendê-la melhor. Mesmo com a melhor das intenções, sentimo-nos mal quando nos deparamos com a deficiência de alguém.

No entanto, está próximo o dia em que teremos uma consciência mais ampla das deficiências físicas, e as pessoas deficientes poderão circular pelo mundo sem empecilhos. Os prédios públicos agora já têm acesso para deficientes e essa conscientização está aumentando. À medida que ocorrem essas mudanças, todos nós podemos aprender e ter uma compreensão maior a esse respeito. Finalmente, a educação e a experiência nos tornará a todos mais conscientes e passaremos a aceitar a realidade das deficiências. Nesse momento, precisamos ser pacientes e compreensivos com nós mesmos e com os outros, à medida que nos esforçamos para acabar com a falta de comunicação que existe entre nós.

As deficiências só limitam a nossa capacidade física. O nosso espírito não é afetado por nada que aconteça em nosso corpo. Ele é um oásis calmo e pacífico que repousa no fundo de nós. Ele pode nos lembrar de deixar para trás os nossos pontos de vista ultrapassados e a nos adaptar alegremente ao que vier pela frente. Ele pode nos guiar suavemente para longe do medo, da raiva e da culpa cultivados pelo ego. Ele pode nos encher de coragem, esperança, fé e aceitação.

Sentir o que você sente

A doença e a deficiência física desafiam as nossas emoções. Atravessamos fases de raiva, tristeza, medo, dúvida, depressão, autocomiseração, culpa, desespero e desânimo. Isso é normal e previsível. O nosso desafio é nos concentrar nas coisas que podemos mudar e aceitar as que não podemos.

Mesmo depois de acharmos que já nos adaptamos à nossa condição física, ainda assim sentiremos mau humor ou passaremos por momentos de tristeza ou de depressão. Podemos acabar nos cansando de tratamentos, terapias, exercícios ou de sentir dor. Ficamos ressentidos ou com inveja dos outros que achamos que têm uma vida mais fácil que a nossa. Deixamos o nosso ego ocasionalmente tomar conta de nós, enchendo-nos de preocupação ou de medo. Mas esses momentos não têm que durar para sempre e podemos ser suficientemente gentis com nós mesmos para enxergá-los como são.

Gilda Radner escreveu: "Eu sempre notei que, depois de um bom choro, eu me sentia melhor em todos os aspectos. Sentia como se me livrasse de algum veneno, de um pouco de dor e de tristeza." Chorar bastante, de vez em quando, só faz bem; é até bom. É só quando nos pegamos chorando — literal ou figuramente — *o tempo todo*, que precisamos examinar a nossa maneira de lidar com a doença ou com a deficiência e talvez procurar ajuda para mudar isso.

Os sentimentos são normais, naturais e saudáveis se nos lembrarmos de que podemos optar por não deixá-los tomar conta de nós nem nos impedir de descobrir uma profunda paz e felicidade. Ao contrário, podemos aceitá-los, compreendê-los e deixá-los ir. Como Martha Cleveland escreveu em seu livro *The Twelve Step Response to Chronic Illness and Disability*: "Podemos superar os efeitos das nossas doenças físicas com a saúde espiritual."

A SAÚDE ESPIRITUAL

Para aprender a viver plenamente e com alegria apesar da doença ou da deficiência física, precisamos nos concentrar na nossa força e sabedoria interiores. Elas vêm da nossa consciência e compreensão espiritual; vêm da capacidade do nosso espírito para encarar qualquer condição externa com paz e alegria. Elas começam a despertar quando começamos a aceitar as coisas que não podemos mudar e nos esforçamos para mudar o que é possível.

Como acredito que o nosso espírito é sempre perfeito, eu defino a saúde espiritual como o relacionamento aberto e saudável entre a nossa consciência e o nosso ser interior. Esse relacionamento permite que a nossa sabedoria, paz, amor, contentamento e aceitação espirituais irradiem para os pensamentos, comportamentos e sentimentos que temos no dia-a-dia. É a escolha consciente de olhar com os olhos do espírito, e não com os do ego. É a maneira afetuosa de pensar sobre o nosso ser físico; de ter esperança; de participar ativamente do nosso tratamento, da nossa recuperação ou adaptação à deficiência; de descobrir coisas boas em cada experiência e celebrar a vida, quaisquer que sejam os desafios físicos que se apresentem.

A esperança

Em seu livro *Peace, Love & Healing*, Bernie Siegel escreveu: "Não existe a falsa esperança, há somente a falsa *desesperança*, pois não podemos prever o futuro de uma pessoa." Ninguém pode realmente prever o nosso futuro. Os médicos podem fazer prognósticos com base em experiências passadas, mas eles nunca podem, em absoluto, saber que rumo a doença irá tomar. Novos tratamentos estão sendo descobertos a cada dia, e o nosso estado mental sempre pode aumentar as nossas chances de recuperação.

Porém, ter esperança não significa necessariamente acreditar que iremos recuperar a saúde ou a capacidade física que tínhamos antes.

A cura nem sempre significa acabar com a doença. Ela pode significar descobrir o equilíbrio em todos os aspectos da nossa vida; pode significar descobrir o nosso eu interior, o nosso centro, o nosso espírito; pode significar ter paz, amor, contentamento e tranqüilidade, *apesar* do que estiver acontecendo conosco fisicamente.

A esperança é simplesmente uma atitude positiva, um ponto de vista otimista sobre nós mesmos e sobre a nossa vida. Ela pode significar encarar cada dia com alegria, paz e amor; viver cada momento abertamente, dando boas-vindas à mudança. Ela pode significar encarar cada novo desafio com um esforço equilibrado, otimismo e aceitação.

A participação ativa

A participação do próprio doente é o elemento mais importante em qualquer tratamento ou terapia. Não podemos procurar os médicos, a tecnologia ou outro tipo de assistência e esperar que alguém nos "conserte". Nós estamos *ali*, presentes e prontos para qualquer coisa que esteja acontecendo. Precisamos colocar a nossa mente e o nosso coração no tratamento, na terapia, no exercício ou em qualquer coisa que precise ser feita com relação à nossa doença ou deficiência física. Precisamos aceitar o que não podemos controlar, mas também precisamos *fazer* o que *está ao nosso alcance*.

Em seu livro, Gilda Radner fala sobre uma mulher que beijava cada comprimido antes de tomá-lo. Ela colocava *amor* no seu tratamento, encarando a medicina como sua aliada na recuperação. Podemos colocar esse mesmo tipo de amor em todas as atitudes que pudermos tomar com relação à nossa doença ou deficiência. Podemos parar de pensar sobre o que não podemos fazer, concentrar-nos na alegria e imaginar tudo o que *podemos* fazer. Podemos amar a nós mesmos e a todos os aspectos do nosso corpo, da nossa vida e do nosso espírito.

A participação ativa significa fazer perguntas e aprender tudo o que for possível sobre a nossa doença ou deficiência física. Significa procurar entrar em contato com outras pessoas que já passaram pelo que estamos enfrentando pela primeira vez. Significa aprender a fazer mudanças nos nossos hábitos; fazer exercícios difíceis de fisioterapia ou aprender a usar novos equipamentos. Significa fazer muito trabalho *interior*, não necessariamente para recuperar as capacidades físicas, mas para redescobrir a nossa capacidade de sentir o amor, paz e contentamento.

A descoberta de coisas boas

Como podemos descobrir qualquer coisa boa na dor, na doença ou na perda das capacidades físicas? O que pode haver de bom na perda da visão, da audição, dos movimentos ou de uma parte do nosso corpo? Esses desafios parecem completamente negativos por si sós, mas, quando os enfrentamos, sempre descobrimos efeitos indiretos positivos ou subprodutos que não poderíamos descobrir de outra maneira.

Martha Cleveland escreveu: "De alguma maneira, a perda da saúde ou do desempenho físico nos abala, e as nossas prioridades passam a ser diferentes." A doença ou a deficiência física nos fazem passar por mudanças que jamais poderíamos imaginar. Repentinamente percebemos o que é realmente importante para nós. Descobrimos que temos uma força, uma disciplina e uma capacidade de realização muito maiores do que jamais tivemos. Aprendemos a viver com muito mais amor, paz, satisfação e felicidade do que havíamos pensado ser possível.

A doença e a deficiência física podem ser vistas como uma segunda chance — a chance de examinarmos mais uma vez a nossa vida e as nossas prioridades, a chance de redescobrirmos quem realmente somos. Nunca mais seremos os mesmos — e essa é a melhor coisa que poderia nos acontecer.

Aprender e crescer

As doenças e deficiências nos proporcionam tantas lições que qualquer discussão a esse respeito será sempre incompleta. Cada um de nós, individualmente, descobre o que precisa aprender através da própria experiência. As lições apreendidas de uma doença ou deficiência específica são completamente diferentes para cada pessoa. Porém, grandes oportunidades de aprendizado e de desenvolvimento estão sempre presentes em cada doença ou deficiência.

Algumas lições parecem ser compartilhadas por muitas pessoas, como, por exemplo, aprender a se concentrar no presente, em vez de se preocupar com o passado ou com o futuro; aprender a deixar de lado as coisas que não se pode controlar; a aceitar a ajuda de que se precisa; e pensar nos outros aspectos da vida que não são físicos, provavelmente pela primeira vez. Martha Cleveland escreveu: "Se não encararmos a realidade da deficiência, é grande a chance de negarmos o desenvolvimento espiritual e desperdiçarmos a nossa energia tentando atingir a perfeição física."

Os desafios da doença ou da deficiência física nos forçam a olhar para muitas coisas de maneira diferente. Isso, por si só, pode causar um desenvolvimento mental, emocional e espiritual. Reconhecer que existe outra maneira de olhar para as coisas permite que a nossa consciência se volte do ponto de vista do nosso ego para o do nosso espírito. Sem a doença ou a deficiência, talvez jamais mudemos a nossa perspectiva ou descubramos a nossa espiritualidade.

A celebração da vida

Albert Schweitzer escreveu: "A afirmação da vida é o ato espiritual no qual o homem pára de viver irrefletidamente e começa a dedicar-se à própria vida com reverência, para que ela passe a ter o seu verdadeiro valor." Uma doença ou deficiência física, em geral, pode ser o catalisador que transforma completamente a nossa maneira de viver. Começamos a valorizar e a gozar a vida como nunca antes. Percebemos a importância e o valor que a nossa vida tem e reconhecemos o seu verdadeiro potencial.

Celebrar a vida significa vivê-la de forma plena, prazerosa e com entusiasmo. Significa fazer tudo o que pudermos com amor e tranqüilidade e deixarmos de lado todas as coisas que não podemos controlar. Significa dar valor ao que ela é, em vez de lamentar o que ela não é. Significa estar totalmente presente em cada momento presente e deixar de lado o passado e o futuro. Celebrar a vida quer simplesmente dizer reconhecê-la, abraçá-la e *vivê-la* — não importa quais sejam nossas condições físicas.

O desafio de mudar — o desafio de escolher

A doença e a deficiência física nos desafiam a deixar que o fluxo natural da eterna mudança se instaure dentro de nós e na nossa vida. Elas nos desafiam a escolher as atitudes e comportamentos que favorecerão a nossa felicidade e o nosso desenvolvimento mental, emocional e espiritual.

Não vou dizer que seguir certas práticas ou tomar certas atitudes irá curar a sua doença ou deficiência física. Mas posso dizer que as atitudes que você tem *sempre* são uma escolha sua. Essas escolhas determinam a qualidade da sua vida diária, independentemente de doenças, ferimentos ou deficiências físicas.

O ENVELHECIMENTO

Leo Buscaglia escreveu: "O corpo humano não funciona perfeitamente para sempre. Esse processo é normal e não há nada de errado nisso. Os problemas surgem quando negamos o processo de envelhecimento e caímos na armadilha de desejar que ele acontecesse de outra forma." Quer passemos ou não por alguma experiência de doença ou deficiência física em nossa vida, *todos* temos de encarar a realidade do envelhecimento. Esse processo nos apresenta os mesmos desafios que enfrentamos para aceitar mudanças e para definir o comportamento que teremos frente a elas.

Dorothy sente-se como muitos de nós nos sentimos quando envelhecemos.

— Eu adoro envelhecer por vários motivos — ela diz. — Adoro o fato de me relacionar muito melhor com as pessoas no meu trabalho e na vida em geral de uma maneira que jamais fui capaz quando era mais jovem. Adoro ter passado por todos esses jogos, tolices e sofrimento que parecem fazer parte da juventude. Adoro estar onde cheguei em termos de autoconfiança e segurança interior. No entanto, eu realmente detesto ver e sentir o meu corpo mudar.

Quando ficamos adultos, não sentimos nenhuma vontade de retomar os estados mental, emocional e espiritual da juventude. Não temos interesse em reviver as situações e experiências dos anos que passaram. Gostamos e até saboreamos a experiência, o crescimento e a maturidade que temos. Mas quantos de nós não gostariam de que um gênio saísse da garrafa e nos devolvesse o corpo que tínhamos quando éramos jovens?

Embora uma combinação equilibrada de alimentação saudável, exercícios físicos e descanso possa ser um excelente cuidado conosco, também é importante encararmos e aceitarmos as mudanças e as escolhas que a vida nos impõe quando envelhecemos. A ilusão de que, de alguma forma, conseguiremos impedir o processo de envelhecimento só nos faz mal. Ela pode causar depressão, raiva e culpa pelas mudanças normais que ocorrem no corpo humano.

As pressões culturais

Culturalmente, somos obcecados com as características da juventude. Os anúncios publicitários usam modelos jovens com corpos perfeitos para vender seus produtos e freqüentemente retocam as fotos para realçar ainda mais a fantasia irreal da perfeição juvenil. É muito difícil não se deixar influenciar por essas mensagens.

Assim como cultuamos o ideal da saúde perfeita, idolatramos a noção mítica da perfeição da juventude. Quando a geração do *baby-boom* — o maior segmento da população americana — atingir a meia-idade, talvez vejamos mudanças nesse comportamento. Mas, neste momento, podemos começar a analisar os nossos símbolos culturais e os mitos que eles refletem. Podemos começar a amadurecer, tendo um ponto de vista mais realista sobre o envelhecimento, e abandonar as ilusões que o nosso ego tem sobre a eterna juventude.

Podemos resistir às pressões culturais reconhecendo-as como expressões de medo e de resistência à mudança que o nosso ego tem. Pense sobre o desenvolvimento de uma criança do nascimento à adolescência. Seria ridículo definir a idade de dez anos como perfeita e querer parar o desenvolvimento dela nesse ponto. É igualmente ridículo estabelecer que um estágio em particular da vida adulta, digamos 27 anos, seja o ponto exato para se interromper a mudança. A verdade é que a mudança é constante, desde o início até o final da nossa vida, mesmo que isso não se reflita na mídia.

Como encarar as mudanças físicas

Não estou dizendo que não seja mais fácil fazer algumas coisas aos 20 do que aos 40 ou aos 50 anos de idade. É natural querer ter força, resistência física e facilidade de movimentos. As mudanças nessas áreas que estão ligadas ao envelhecimento podem ser frustrantes e difíceis, ou podem ser só um pouco irritantes. Isso depende da atitude e da aceitação que temos. Se insistirmos em tentar fazer coisas que o nosso corpo já não pode fazer — como comer certas coisas, tomar bebidas alcoólicas, fumar ou fazer muito esforço — estamos procurando problemas. Às vezes, forçamos o nosso corpo até o limite só para provar que continuamos jovens e saudáveis.

Porém, grande parte da resistência que temos às mudanças relativas ao envelhecimento tem muito a ver com a aparência. Não queremos ter rugas, que os nossos cabelos fiquem grisalhos ou caiam, ganhar ou perder peso ou usar óculos. Faremos qualquer coisa para esconder ou modificar as características físicas da nossa idade. Nos últimos anos, cada vez mais produtos e tratamentos foram desenvolvidos com essa finalidade. Os implantes de cabelos são muito comuns e a cirurgia plástica deixou de ser um procedimento raro, feito exclusivamente por artistas de cinema ou pessoas que são vítimas de acidentes.

Não há nada de errado em cuidar da nossa aparência. Isso pode ser uma demonstração saudável de auto-estima. Mas também pode se tornar uma obsessão doentia ou uma reação às pressões externas. O nosso ego agarra-se facilmente à busca infindável da aparência jovem.

Sentimo-nos culpados e envergonhados quando perdemos os cabelos, a elasticidade da pele ou a aparência que tínhamos na adolescência. A aceitação e uma perspectiva realista podem nos livrar dessas atitudes autodestrutivas. Podemos deixar de lado as coisas que não podemos controlar e, ao contrário, ser capazes de apreciar cada dia da nossa vida, não importa a nossa idade. Podemos aprender a enxergar a beleza de cada estágio da evolução do nosso corpo e começar a entender o propósito da existência do corpo, só para começar. Ele existe para nos ajudar a nos comunicar uns com os outros e para aprendermos as lições da vida. O envelhecimento, por si só, contém muitos desses importantes ensinamentos.

A nossa auto-imagem

A auto-imagem é um tema constante deste capítulo, pois ela determina a maneira como reagimos e lidamos com todas as condições externas da vida. Se continuarmos presos a uma auto-imagem que se baseia unicamente no nosso físico, não conseguiremos encarar os desafios do envelhecimento de forma saudável e feliz. Se a nossa autoimagem provém de alguma antiga fantasia que tínhamos de nós mesmos, quando éramos mais jovens, não conseguiremos aceitar as mudanças e as escolhas que temos de fazer ao longo da vida.

Em vez disso, podemos explorar todo o nosso ser — a mente, o corpo e o espírito — para descobrir todas as nossas capacidades, aspectos e aprender a desenvolvê-los e utilizá-los da melhor maneira possível. Podemos ver o envelhecimento como um processo normal, que pode nos abrir para muitas experiências novas e descobertas. Podemos encarar os sentimentos e as opiniões que temos sobre o envelhecimento de uma perspectiva adequada.

Antigos costumes

— Quando eu era criança — conta Amy —, as mulheres com mais de 30 anos nunca deixavam que seus cabelos passassem da linha do queixo. De fato, todas as mulheres que eu conhecia tinham os cabelos bem curtos. Assim, eles realçavam os olhos e não salientavam a flacidez da pele do rosto ou coisa parecida.

Embora afirme que considera antiquados esses costumes rígidos da moda, Amy também diz que se preocupa em manter os cabelos compridos já que agora está na casa dos 30.

— Sempre gostei de ter os cabelos compridos — ela diz. — Mas não quero parecer uma mulher de meia-idade tentando ficar igual a uma adolescente. Existem pessoas que não têm consciência de que não estão envelhecendo com graciosidade. Já vi casos assim: mulheres na casa dos 50 anos indo trabalhar de camiseta ou minissaia. Elas simplesmente não têm noção de como ficam. E eu me preocupo com isso.

Os rótulos e os costumes rígidos geralmente são bastante inúteis e até prejudiciais. Podemos nos livrar de todos os antigos costumes que guardamos em nossa mente sobre envelhecimento. Podemos deixar de lado as nossas antigas convicções sobre como cada idade é, antes mesmo de chegarmos lá. Podemos analisar os sentimentos que temos sobre o nosso corpo e sobre o envelhecimento, as reações que temos às pressões culturais que dizem respeito à juventude e à nossa auto-imagem. Quando fortalecemos os nossos sentimentos e atitudes, voltando-nos para o ponto de vista do espírito, podemos adotar com tranqüilidade o nosso próprio estilo, sem tentar parecer ou agir como se fôssemos "velhos demais" ou "jovens demais" para a idade que temos.

Nós desperdiçamos a nossa juventude

A nossa cultura nos ensinou que a juventude é a melhor fase da vida. Depois disso, supõe-se que entramos em decadência, somos menos ativos, sentimos menos prazer e simplesmente assistimos, impotentes, ao nosso corpo se decompor e à nossa vida acabar. Mas a verdade é que a maioria de nós não é muito inteligente quando o nosso corpo é jovem. Não tivemos tempo suficiente para aprender o bastante ou os anos necessários para adquirir as experiências que nos ajudam a ser calmos, compreensivos e verdadeiramente felizes.

Muitos de nós passam a juventude viciados em drogas. Uma mulher que está em fase de recuperação do alcoolismo fala sobre o seu "processo de interrupção do amadurecimento". Outra conta que "entrou na adolescência aos 37 anos", depois que se divorciou. Um homem diz: "Sinto como se tivesse perdido muito tempo. Tenho medo de achar que sou mais jovem do que realmente sou".

Na época em que nós, finalmente, superamos todos os tipos de coisas do passado e começamos a ser capazes de amar a nós mesmos e aos outros, abrindo-nos para aprender, crescer e contribuir com o mundo que nos cerca, o nosso corpo já está demonstrando os efeitos causados pelos anos que passamos na Terra. Sentimos como se tivéssemos renascido espiritual, mental e emocionalmente, mas o nosso corpo está começando a se desgastar. Isso simplesmente não parece justo.

Chegar a um acordo com o nosso processo de envelhecimento significa aceitar o tempo que "perdemos" ou "desperdiçamos" com o passar do tempo. Não precisamos tentar recuperar os anos perdidos e, de qualquer forma, não podemos fazer isso. Podemos aceitar todo o nosso passado como ele aconteceu e seguir adiante a partir daí. Podemos ser gentis com nós mesmos, aceitando os fatos do nosso passado. Podemos compreender todas as lições necessárias que aprendemos ao longo da vida, mesmo que elas tenham vindo de experiências dolorosas e difíceis.

Só porque nunca mais poderemos voltar a ter o corpo que tínhamos aos dezoito anos, não significa que temos de nos sentir infelizes com o que temos agora. Podemos cuidar de nós mesmos, física, emocional, mental e espiritualmente, e gozar de mais saúde física, mental e espiritual que antes. Podemos viver plena e alegremente no presente, em vez de querer de volta um passado que nunca mais retornará. Podemos deixar de lado as coisas que não podemos mudar e aceitar o desafio de mudar o que podemos.

Idades marcantes

Certas idades representam etapas decisivas ou verdadeiros marcos para muitos de nós. Elas variam de pessoa para pessoa, dependendo das experiências e da vida que cada um teve. A coisa mais importante para se lembrar sobre as datas de nascimento é que elas podem ser vistas como oportunidades maravilhosas para se fazer uma avaliação — *no tempo presente* — e para se dar início às mudanças necessárias. Também podemos usá-las para celebrar o progresso que fizemos e a força que temos no momento. Podemos descobrir algumas coisas que ainda queremos fazer, começar a planejar e trabalhar para realizar essas metas.

Mas os aniversários que representam marcos na nossa vida são sempre usados como desculpa para sentirmos depressão, autocomiseração, raiva, ressentimento e inércia. "De qualquer forma, agora é muito tarde", podemos lamentar sobre as coisas que não fizemos ou as mudanças que sabemos que precisamos fazer. Achamos doloroso lembrar o que pensávamos que a nossa vida seria quando tivéssemos uma certa idade, quando éramos jovens. Mas podemos lamentar e depois esquecer essas antigas fantasias. As coisas simplesmente não acontecem da maneira que esperávamos; existem muitas variáveis que não podíamos prever ou compreender quando éramos mais jovens.

Quando deixamos de lado nossas antigas expectativas, podemos viver plenamente as alegrias de cada fase nova da vida. Às vezes, descobrimos um sentimento novo de autoconfiança ou de responsabilidade, ao atingir uma certa idade. Às vezes, descobrimos que a nossa vida é de fato muito melhor do que antes e que estamos mais saudáveis e felizes do que achávamos ser possível. Às vezes, só o fato de aceitar as circunstâncias em que nos encontramos no presente, hoje, acaba com todos os velhos bloqueios que nos impediam de sentir paz, alegria e verdadeira satisfação com relação à própria vida.

"Você é tão velho quanto acha que é"

A idade não é algo sem sentido, mas ela não significa o que a sua cultura ou família disse a você que significava. Nós vivemos coisas diferentes em idades diferentes, e todas essas experiências são valiosas e importantes. O nosso corpo envelhecido guarda muitas lições para nós. A nossa vida, sempre em evolução, constitui-se de uma série de experiências que nos fazem crescer. Uma vez que rompemos com as nossas antigas suposições e preconceitos sobre o envelhecimento, podemos começar a realmente vivê-lo plena e alegremente.

Quando fez quarenta anos, Steve ficou deprimido. Ele tentou compartilhar seus sentimentos com os amigos, porém ele diz:

— As pessoas me davam tapinhas nas costas e diziam "Ei, cara, é tão velho quanto acha que é!". Eu sorria e concordava, mas continuava pensando, *Eu me sinto com cem anos*. Tratei de reunir forças, fazer uma avaliação da minha vida e realizar uma série de mudanças. Isso foi muito bom para mim — toda essa dolorosa busca espiritual. Simplesmente percebi que não ia viver para sempre e que era hora de começar a viver, *realmente* viver. Então, foi o que fiz.

A descoberta de que não vamos viver para sempre não é um apelo para a busca do prazer hedonístico ou para a auto-indulgência. É um chamado para acordarmos para o nosso verdadeiro eu interior, o nosso espírito, a nossa *vida*. O nosso corpo nos desafia — através da doença, da debilidade física e do envelhecimento — a fazer as mudanças e escolhas da *vida*. Quando aceitamos o desafio, descobrimos que isso significa viver no presente, de forma plena, alegre, entusiasmada e feliz, *independentemente* da nossa condição física.

Exercícios

Exercício Um

Descubra a mensagem. Se o seu corpo está doente ou debilitado, procure qualquer coisa que você possa aprender com essa experiência. Você precisa descansar mais? Precisa fazer mais exercícios? Ter uma alimentação mais saudável? Como você está se sentindo emocionalmente? Há alguma coisa que precise examinar e resolver com relação a esse aspecto da sua vida?

Exercício Dois

Mudanças. Que mudanças você precisa fazer para se curar ou se adaptar à sua condição física? Você sente alguma resistência interior para realizar essas mudanças? De onde vem essa resistência? São expectativas irreais? Meras ilusões? Perfeccionismo? Medo? Você está procurando e aceitando a ajuda de que precisa?

Exercício Três

Escolhas. Que escolhas estão ao seu alcance agora? Você precisa tomar alguma decisão sobre fazer uma cirurgia, um tratamento ou qualquer outra coisa relativa à sua saúde? Você tem todas as informações necessárias para poder tomar essa decisão?

Exercício Quatro

Aceitando o seu processo de envelhecimento. Analise as suas opiniões e atitudes sobre o envelhecimento. Como você esperava viver na idade que tem agora? Em que a realidade se compara ao que você esperava? Como você se sente sobre isso? Que regras, suposições ou preconceitos ultrapassados você tem sobre o envelhecimento? Deixe o passado para trás e aproveite a idade que você tem agora, seja ela qual for. Comemore os seus aniversários com alegria. Cumprimente a si mesmo por todo progresso que tenha feito e olhe para a frente com otimismo e esperança.

Capítulo Dez

A Perda Repentina e a Mudança

As perdas que sofremos nos modificam e mudam o curso da nossa vida. Isso não significa que nunca mais poderemos ser felizes, depois de sofrer uma perda. A realidade é que simplesmente jamais seremos os mesmos novamente.

— Ann Kaiser Stearns

Uma mudança repentina, inesperada, gera o maior dos desafios para a nossa paz e serenidade. Sem qualquer preparo anterior, temos de nos ajustar a circunstâncias drasticamente diferentes das que estávamos acostumados. Chegamos em casa depois de um dia normal de trabalho e encontramos a nossa casa completamente destruída pelo fogo. Ficamos muito felizes com uma gravidez e de repente ela é interrompida por um aborto involuntário ou porque o bebê nasce morto. Alguém que amamos morre ou nós nos divorciamos. Perdemos os nossos bens, as nossas convicções, os nossos projetos futuros, sentimentos de segurança, ou até mesmo o nosso senso de identidade. A verdade é que podemos perder quase tudo o que temos.

Na maior parte do tempo, ficamos nos protegendo dessa realidade. Simplesmente não pensamos no fato de que podemos perder algo que amamos em questão de segundos. Se pensarmos muito sobre isso, não conseguiremos encarar a vida de maneira positiva. Não precisamos temer a perda ou começar a nos desesperar antes que alguma coisa aconteça. Mas podemos aceitar a realidade de que isso *pode* acontecer e que acabaremos superando esse tipo de experiência se ela ocorrer. Essa aceitação racional, sem o medo irracional, nos ajuda a ficar preparados para qualquer perda inesperada.

Dois tipos de mudança acontecem dentro de nós quando passamos por uma perda repentina. Primeiramente, ficamos conscientes da nossa vulnerabilidade. Deixamos de achar que negar essas possibilidades nos manterá a salvo de todas as coisas que *podem* acontecer. *Sabemos* que todos os tipos de perda podem acontecer conosco e não somente com as outras pessoas. Talvez nunca mais nos sintamos suficientemente seguros novamente. O outro efeito da perda repentina é que acabamos nos adaptando a ela. Isso leva muito tempo, mas aos poucos incorporamos a perda à nossa vida e seguimos em frente.

Essas duas mudanças podem ser muito positivas e saudáveis. Não precisamos enxergar a aceitação da nossa vulnerabilidade ou da nossa perda como uma forma de nos resignarmos aos aspectos dramáticos da vida. Ao contrário, podemos pensar nessa experiência de desenvolvimento como mais um avanço no nosso caminho rumo à verdadeira paz interior e à aceitação racional da realidade.

Tumultos no meio de campo

Em seu livro *Disturbances in the Field*, a romancista Lynn Sharon Schwartz descreve como uma mulher, o casamento dela e a sua vida são afetados pela morte repentina de dois filhos. O "tumulto no meio de campo", ela explica, acontece quando algum fato externo nos acontece e muda a nossa vida. Ele surge de forma inesperada e, instantaneamente, deixa tudo diferente. Temos de enxergar tudo de uma maneira nova, temos de fazer uma avaliação e nos reajustar por causa desse "tumulto".

Existem muitos incidentes na vida que poderíamos chamar de "tumultos no meio de campo". A morte, o divórcio, a perda de um emprego ou de um negócio, os desastres naturais, os crimes, os acidentes de carro, avião ou trem podem repentinamente causar mudanças importantes em nossa vida. Para alguns de nós, o resultado de eleições políticas pode significar diferenças drásticas no futuro. As mudanças repentinas no campo financeiro podem nos trazer riqueza ou causar a nossa ruína. A vida significa mudança e, às vezes, essas mudanças ocorrem de forma muito rápida e inesperada.

A morte

Joseph Campbell disse: "Podemos viver a experiência de uma afirmação incondicional da vida unicamente quando aceitamos que a morte não é o contrário da vida, mas sim um aspecto dela." É fácil ser tão filosófico com relação à morte, até que alguém próximo de nós morra. Não que enxergar a morte como descrita acima não seja uma boa opção ou que paremos de crer nisso até que passemos por uma perda no âmbito pessoal. Podemos usar o nosso ponto de vista filosófico como base para aceitar gradualmente a morte de alguém que amamos, até que, finalmente, voltemos a aceitar a morte. Mas, quando ela atinge pessoas muito próximas ou a nossa família, temos que nos permitir entrar em contato com o processo de luto.

A morte de um membro da família ou de um amigo é uma das formas mais comuns de perda. Todos provavelmente iremos viver esse tipo de perda em algum momento da vida. Até mesmo a morte de um animal de estimação muito amado pode causar os mesmos efeitos sobre nós. A perda de uma pessoa ou de um animal que seja tão importante para nós requer um período para reagirmos, lamentarmos e finalmente aceitarmos o fato. Quando tentamos ignorar ou apressar esses estágios, corremos o risco de ficar presos ao luto mal resolvido. Para recuperar a paz interior e o equilíbrio, não reprimimos ou negamos qualquer dos nossos sentimentos ou estágios do luto. Ao contrário, aceitamos crescer através deles.

Dependendo de quem tenha morrido, podemos precisar de um tempo razoavelmente longo para nos recuperar completamente. Isso não significa que não possamos fazer qualquer outra coisa durante essa fase, ou que, por um determinado período, tenhamos de nos vestir de preto e chorar o tempo todo. Simplesmente quer dizer que é previsível que passemos pelos estágios do luto, talvez intermitentemente, durante um certo tempo. Podemos contar com alguns dias tristes e outros melhores, alguns dias que sentiremos medo, solidão, raiva, e outros, paz. Finalmente, *podemos* recuperar o equilíbrio, a alegria de viver. Mas, até lá, não há problema em passar por altos e baixos durante algum tempo.

Às vezes, as outras pessoas podem ser de grande ajuda para nós nesses momentos. Porém, às vezes, mesmo com a melhor das intenções, elas podem atrapalhar mais do que ajudar. Muitos de nós simplesmente não sabem o que fazer pelas pessoas que estão de luto. Os sentimentos delas nos fazem sentir incomodados e não queremos que elas demonstrem esses sentimentos. Tentamos responder às perguntas que elas fazem — perguntas do tipo *por que* essa morte aconteceu —, em vez de deixá-las só expressar a sua dor à maneira delas. O rabino Harold Kushner escreveu: "Ajudamos a pessoa que pergunta 'por que' sem explicar o *porquê*, mas amenizando a sua dor, reconhecendo o direito que ela tem de chorar e de sentir raiva e dizendo que nos preocupamos com ela."

Quando o marido de Gillian morreu num acidente de avião, ela diz que todos pareciam querer tratá-la como se ela fosse uma criança:

— As pessoas tentavam resolver tudo — ela diz. — Começaram a vasculhar os nossos documentos para encontrar o seguro de vida e coisas assim. Prepararam o velório e organizaram tudo para o enterro. Ficaram tentando levar os meus filhos embora e me sedar. Era tudo tão estúpido. O que elas *esperavam* que eu sentisse ou fizesse? O meu marido morrera sem aviso prévio. Eu só queria segurar os meus filhos nos braços e chorar um pouco. O que havia de errado nisso? Eu também podia ter cuidado de todas as coisas que eram necessárias. Mas todo mundo ficava tentando me dizer o que fazer. Por que simplesmente não me *perguntavam* o que eu precisava que elas fizessem?

A dor, quando expressa abertamente, pode fazer com que nos sintamos bastante incomodados. O que deveríamos fazer? Como deveríamos reagir? Que tipo de ajuda é apropriada? Isso é algo muito pessoal, porém, é bom que se diga que as pessoas de luto têm o direito de sofrer. Elas também precisam ser respeitadas e não ser tratadas como se tivessem perdido o juízo. Não é difícil ver que fazer pequenas tarefas, comprar comida, fazer café e limpar o que for preciso não faz mal a ninguém, mas o cônjuge consternado, os pais ou os filhos mais adultos devem ser consultados sobre qualquer coisa que precise ser resolvida.

Como Harold Kushner escreveu, não cabe a nós dizer a uma pessoa de luto *por que* a tragédia ocorreu, mas simplesmente segurar a mão dela e deixá-la segura de que estamos por perto e nos preocupamos com ela. Talvez compreendamos como a pessoa se sente, e talvez não. As suposições e as explicações não ajudam. Oferecer um ombro amigo ou uma xícara de café às vezes são a melhor ajuda que podemos dar.

A morte de um amigo, de um companheiro, de um filho, de algum dos pais, de um namorado ou de um animal de estimação nos obriga a ajustar-nos a uma mudança permanente em nossa vida. Essa é uma das mudanças mais difíceis que temos de aceitar na vida, mas ela pode ser feita, quando damos tempo ao tempo e somos compreensivos. Podemos continuar vivendo sem aqueles que achávamos que teríamos ao nosso lado para sempre. Podemos aceitar as mudanças que são necessárias em nossa vida e em nós mesmos. Podemos nos recuperar e continuar a viver a nossa vida bem e até mesmo felizes — mas de uma maneira diferente.

Podemos, finalmente, aceitar a morte filosoficamente, como uma parte da vida. Podemos usar a nossa fé num Poder Superior ou na vida eterna do nosso espírito para ajudar-nos a aceitar a morte do corpo. Podemos analisar as nossas crenças de forma pragmática e deixar de lado qualquer idéia que nos faça sentir medo ou nos impeça de crescer através do processo de luto. Podemos abraçar as convicções que nos ajudam a aceitar a realidade da morte e continuar vivendo uma vida diferente, mas plena, tranqüila e feliz.

O divórcio

O fim de um casamento ou de um longo relacionamento amoroso leva ao mesmo processo de dor que acontece diante da morte. Mesmo que o relacionamento tenha sido infeliz por muito tempo, o ajuste às mudanças que o divórcio traz pode ser um processo longo e difícil. Podemos passar pelos mesmos estágios de negação, depressão, culpa, raiva, medo e aceitação.

Depois de nos separarmos do nosso parceiro, algumas das mudanças necessárias envolvem coisas como morar sozinho, realizar todas as atividades domésticas como fazer compras, cozinhar, limpar e pagarmos nós mesmos as contas. Passamos por mudanças na nossa vida social, no nosso círculo de amizades, na família e nos nossos hábitos de lazer. Ocorrem mudanças na nossa auto-imagem e na nossa imagem pública — não somos mais parte de um casal.

Todas essas mudanças, e muitas outras, terão de finalmente ser encaradas e resolvidas. Porém, o processo interior da dor de romper um relacionamento sempre é realizado com menos compreensão e ajuda das outras pessoas. Os amigos bem-intencionados tentam nos animar, nos levar para passear ou apresentar alguém para namorar antes que estejamos preparados. Sentimo-nos tolos ou constrangidos pelos sentimentos de dor que estamos demonstrando por causa de um relacionamento. Escondemos ou reprimimos os nossos verdadeiros sentimentos, o que só prolonga o nosso processo de recuperação.

Assim como no caso em que um ente querido morre, alguém pode nos ajudar a compreender e a aceitar o nosso processo de luto. Mesmo que o nosso casamento tenha sido muito infeliz, ele foi uma parte importante da nossa vida e precisamos deixá-lo para trás através do processo gradativo de luto. Podemos facilmente ficar presos a um dos estágios da dor se não olharmos para a situação a partir de um ponto de vista novo e realista e nos permitirmos crescer através do processo.

Não nos recuperamos do fim de um relacionamento de um dia para o outro ou encontrando rapidamente alguém com quem nos envolver. Ela ocorre lentamente, passo a passo, com tempo e força de vontade. Temos uma série de antigas mágoas, raiva e tristeza para trabalhar. Teremos de deixar de lado os "anos perdidos", antes que possamos começar a seguir em frente. Qualquer que sejam as nossas circunstâncias em particular, temos de adotar uma maneira nova de olhar as coisas. O relacionamento acabou, e essa parte da nossa vida nunca mais será a mesma. Estamos abandonando o nosso antigo ponto de vista e cabe a nós escolher um novo. Temos todo o poder dentro de nós para escolher aquele que seja o mais positivo.

"As obras de Deus"

As catástrofes naturais, como terremotos, incêndios, tornados, furacões, vulcões, tempestades, secas, dilúvios, avalanches e nevascas, podem afetar muitos de nós repentina e dramaticamente. Essas "Obras de Deus" podem nos deixar machucados ou desabrigados, em questão de segundos. Elas podem arruinar a nossa colheita, acabar o nosso meio de sobrevivência e destruir todo tipo de bem material. O dinheiro do seguro, quando disponível, dá um pouco de consolo para tantas perdas emocionais.

Não há ninguém para culparmos por esses acontecimentos naturais — exceto Deus. E Deus sempre leva a culpa. Ficamos com raiva e nos sentindo vitimados pelo destino ou pelo acaso. Ficamos imaginando por que a nossa casa foi destruída enquanto a dos nossos vizinhos permanece intacta. Ficamos ressentidos com o banqueiro que continua com o seu emprego enquanto perdemos a fazenda da nossa família. Encontramos todas as maneiras para culpar, culpar, culpar.

A verdade é que essas coisas acontecem. Elas podem acontecer a qualquer momento, em qualquer lugar. Ninguém está completamente a salvo dos fenômenos naturais da Terra. Mas culpar faz parte do processo de luto e, quando reconhecemos isso e aceitamos crescer com ele, podemos nos recuperar de qualquer perda. Podemos crescer através do processo de luto e descobrir maneiras de olhar para a situação de forma positiva. Podemos descobrir novas maravilhas em nós mesmos e no mundo, quando deixamos de nos apegar às nossas antigas opiniões.

As catástrofes naturais não acontecem porque merecemos algum tipo de castigo. Elas são o comportamento normal da natureza. Acontecem porque é natural que aconteçam. Infelizmente, às vezes estamos no caminho e, conseqüentemente, saímos machucados, seja pelo desastre em si ou pelos seus resultados. Em qualquer um dos casos, podemos aceitá-los e ao nosso próprio processo de luto. Como em todos os outros casos de perda repentina, podemos olhar para as coisas de uma maneira nova, descobrir opções positivas e fazer novas escolhas que nos levarão para o melhor futuro possível. *Podemos* realmente nos recuperar de qualquer coisa.

O PROCESSO DE LUTO

Quando nos deparamos com uma perda repentina, a maioria de nós reage energicamente negando, ficando com medo, com raiva, com culpa ou sentindo-se triste, perturbado e talvez indiferente. O nosso corpo e a nossa mente nos dão todos os tipos de conforto para nos ajudar a encarar as novidades e assimilá-las lentamente. Antes que possamos nos ajustar às mudanças, precisamos de algum tempo simplesmente para encarar a realidade dos fatos.

A palavra *trauma* é definida como uma experiência ou choque emocional que tem efeitos psíquicos duradouros. A perda repentina é chocante, nos afeta emocionalmente e tem efeitos permanentes sobre a nossa mente e o nosso coração. O equivalente físico a um trauma emocional é um grave ferimento no corpo. Podemos pensar nisso como uma metáfora para o trauma emocional ou para a perda repentina. O ferimento é imposto repentina e violentamente; ele é sentido intensamente; depois é reconhecido pelo que é, tratado adequadamente e começa a sarar. Ele dói enquanto está cicatrizando, mas vai ficando cada vez melhor. Finalmente, a dor passa e o machucado sara completamente. Porém, a cicatriz na pele permanece, manifestando uma mudança permanente. Às vezes, como no caso da fratura de um osso, o local atingido fica mais forte do que antes.

É importante aceitar a perda repentina e não reprimir nossa reação inicial a ela. Não podemos pular nenhum dos estágios necessários para a recuperação de uma perda da mesma forma que a pele e os ossos não podem pular etapas para se restabelecer. Temos que passar pelo processo de cura, que começa com muita dor e pode levar muito tempo para se completar. Finalmente, ficamos mais fortes do que antes. Mas só podemos começar a recuperar a paz e a serenidade se, primeiramente, aceitarmos passar pelos estágios iniciais de reação à perda que tivemos.

A negação

Quando sua prima morreu, Charlie pareceu reagir calmamente. Eles eram muito próximos e a sua morte foi súbita e violenta. Mas Charlie passou os dias que se seguiram à morte dela demonstrando uma disposição de ânimo normal e racional. Ele parecia ter "encarado muito bem" a morte, todos diziam. Ajudou nos preparativos do enterro, pegou os amigos da família no aeroporto, deu telefonemas e ajudou a todos. Ele foi até capaz de falar sobre a prima sem demonstrar qualquer emoção.

Depois do enterro, Charlie retomou as suas atividades normais. Começou a ter pesadelos que o acordavam no meio da noite, mas que ele esquecia assim que acordava. Finalmente, vários meses depois da morte da prima, ele acordou de um pesadelo aos prantos dizendo o nome da prima. Chorou a noite inteira nos braços da esposa. Depois daquela noite, Charlie sentiu durante meses uma depressão que ia e vinha enquanto ele assimilava aos poucos a morte da prima num nível consciente.

A primeira reação que temos diante da morte de um ente querido em geral é esse tipo de negação entorpecida. Principalmente para os homens, demonstrar a verdadeira emoção é muito difícil. É difícil até saber quais são as verdadeiras emoções. Os estágios iniciais de reação à morte são sempre marcados por uma calma aparente. Às vezes, parece que simplesmente nos recusamos a acreditar no que está acontecendo. Falamos sobre a pessoa que morreu como se ela ainda estivesse viva. Esquecemo-nos de não colocar o lugar dela na mesa.

Reagimos com essa mesma negação e perturbação a todos os tipos de perda repentina, seja ela de uma propriedade, de dinheiro, de um relacionamento, de um emprego ou de uma crença acalentada. No início, nós simplesmente não acreditamos. Há um período de transição, quando mantemos realidades contraditórias em nossa mente. O velho ainda não deu de fato lugar para o novo.

Embora o nosso espírito sempre aceite a mudança com amor e paz, isso não significa que os sentimentos e as reações do nosso ego sejam ruins ou erradas. Nesse estágio, é importante nos lembrar de sermos bondosos conosco e aceitar crescer através do processo de luto. O que estamos sentindo é normal para uma pessoa na nossa situação e podemos nos deixar senti-lo até não precisarmos sentir mais. Nós *acabaremos* saindo desse estágio.

A depressão

Sempre ficamos deprimidos, depois de termos passado pelo período inicial de negação. Começamos a nos permitir sentir a tristeza, e talvez até o desespero de encarar a nova perda. Sentimo-nos desanimados, desamparados e impotentes. Sentimo-nos incapazes de fazer nada além das nossas atividades diárias. Passamos vários meses nos sentindo como se estivéssemos vivendo em meio a uma nuvem de tristeza.

Em seu livro *Living Through Personal Crisis*, Ann Kaiser Stearns escreveu: "Para a maioria das pessoas, a depressão é a característica principal do luto, e essa é a batalha mais longa." Passamos por momentos em que parece não haver mais nada diante de nós. Achamos que a perda que sofremos nos destruiu e que nunca mais nos recuperaremos. Mas a verdade é que estamos atravessando os estágios normais e necessários do luto.

Iremos superar esse estágio também. Precisamos nos lembrar de que o que estamos sentindo leva tempo para passar. Podemos aceitar delicadamente a nós mesmos e à necessidade que temos de lamentar a nossa perda. Podemos lembrar de nos esforçar para nos manter ativos, de aceitar a ajuda dos outros e de não nos castigar por sermos humanos. Podemos crescer através do processo, simplesmente aceitando-o.

A culpa

À medida que vamos aceitando gradativamente a realidade da nossa perda, talvez comecemos a procurar formas pelas quais poderíamos ter contribuído para que isso acontecesse. Ficamos cheios de culpa. Por exemplo, se tivermos um aborto involuntário, o bebê nascer morto ou não for uma criança saudável, ficamos passando e repassando mentalmente tudo o que pensamos, sentimos, comemos, bebemos e fizemos durante a gravidez. O marido se sente culpado por qualquer sentimento negativo e secreto que porventura tenha tido com relação à gravidez.

Sentimo-nos incapazes, durante algum tempo, de fazer com que a nossa mente pare de pensar, ininterruptamente: *Se eu tivesse impedido que ela saísse naquela noite, ela não teria sofrido aquele acidente de carro... Se eu tivesse vendido a fazenda antes da seca, agora teríamos dinheiro... Se eu tivesse tido um filho, o meu casamento não teria acabado.*

Qualquer que seja o tipo de perda por que passamos, ficamos pensando num milhão de coisas que fizemos para causá-la ou que deveríamos ter feito para impedi-la. Esses pensamentos, apesar de não serem necessariamente verdadeiros ou racionais, são um sinal de que estamos crescendo através do luto. Estamos tentando fazer com que as coisas passem a ter algum sentido. Estamos começando a aceitar o que aconteceu. Inventamos todos os tipos de história de como as coisas poderiam ter sido diferentes; contudo, é assim que começamos a encarar o que realmente aconteceu. Mais uma vez, podemos aos poucos aceitar a necessidade que temos de passar por esse estágio de lamentar a perda e nos lembrar que finalmente o nosso ego vai superar a perda e o nosso espírito nos mostrará outro ponto de vista.

A raiva

Outro estágio que costumamos atravessar no processo de luto é o de culparmos os outros. Quando o avô morreu no hospital onde se internara apenas para fazer um tratamento de rotina, Janis ficou indignada:

— Queria processar os médicos, o hospital, todo o mundo — ela diz. — O meu avô não tinha nenhuma doença no coração ou qualquer coisa parecida. Não havia motivo para ele ter um ataque cardíaco. Ele era idoso mas, por outro lado, bastante saudável. Os médicos e as enfermeiras *tinham* que pagar por isso.

Tenha sido ou não negligência de alguém ou tenha o tratamento do avô contribuído ou não para a morte dele, o fato é que Janis estava com raiva porque ele havia morrido. Às vezes, culpamos os médicos, outros membros da família, os amigos, estranhos ou até Deus por nossa perda. Mas há casos em que precisamos atravessar um período de raiva simplesmente, porque ele faz parte do nosso processo de cura.

Às vezes, voltamos nossa raiva para a pessoa que morreu. Ficamos com raiva por termos sido deixados, abandonados pela pessoa que morreu. Sentimo-nos enganados porque pensávamos que passaríamos mais tempo juntos, ou que contaríamos com a ajuda dela quando precisássemos. Ficamos ressentidos por todo o tempo que achamos que perdemos no passado. Se ao menos soubéssemos, pensamos, teríamos conduzido o relacionamento de maneira diferente. Agora, nunca mais teremos essa chance.

Esses problemas podem ser resolvidos na nossa mente e no nosso coração mesmo que jamais possamos resolvê-los cara a cara com a pessoa que morreu. Podemos aprender a perdoar a nós mesmos, aos outros e à vida por ser como é. Podemos aproveitar essa nova maneira de ser, que descobrimos, para compreender como todos nós somos vulneráveis, para melhorar os nossos relacionamentos atuais e futuros. Podemos agradecer à pessoa que morreu pelo tempo que passamos juntas e deixá-la partir.

Quando nos deparamos com outras perdas que não sejam a morte, temos mais oportunidades de resolver o nosso sentimento de raiva. Podemos ter a oportunidade de ver o remorso no rosto da pessoa que nos causou algum mal. Ela pode se retratar de alguma forma. Superamos a sensação de que a perda é definitivamente o fim de alguma coisa importante para nós. Começamos a ver que é simplesmente uma mudança à qual temos de nos adaptar e que através dela podemos até melhorar a nós mesmos e à nossa vida.

Mesmo quando é evidente que outra pessoa é responsável pela perda que sofremos, podemos aprender a perdoá-la e a continuar vivendo. Carregar a raiva e o ódio dentro de nós só nos envenena e nos condena ao tormento. Gradativamente podemos aprender a deixar a raiva de lado, a perdoar os outros e a nós mesmos. Com o passar do tempo e com compreensão, podemos crescer com essa experiência e cultivar um sentimento de amor ainda maior e uma paz interior que jamais achávamos ser possível.

O medo

Depois que passamos pelos estágios de negação, depressão, culpa e raiva, começamos a compreender que *as coisas nunca mais serão as mesmas*. Essa compreensão nos enche de apreensão e medo. Sentimo-nos vulneráveis e enfraquecidos. Começamos a encarar o futuro, que será diferente.

Podemos ser gentis com nós mesmos e começar a entrar no estágio de recuperação. Podemos aceitar a necessidade que temos de encarar o futuro, pensar no que faremos dali em diante, como as coisas serão para nós, quem estará ao nosso lado. A mudança requer essa análise, e sentiremos medo, no início, quando olharmos para o futuro que não planejamos. Podemos compreender esse medo e não só sobreviver a ele, mas crescer com ele.

Sabemos que o medo vem do nosso ego, pois o espírito nunca sente medo. Contudo, precisamos de algum tempo para sentir o medo do ego antes de nos voltarmos para o ponto de vista do espírito. Precisamos de algum tempo para assimilar a nova circunstância ou situação em que nos encontramos, pois o ego sempre encara as coisas desconhecidas com medo. Então, podemos parar de sentir medo e partir para uma nova aceitação de qualquer mudança que seja necessária. Se compreendermos o medo do ego, conseguiremos passar por esse estágio com certa tranquilidade. Podemos aceitar que precisamos sentir esse medo para passar para o outro lado — o lado da aceitação.

Aceitação

O estágio final do luto é a aceitação. Isso não quer dizer que nunca mais sentiremos falta da pessoa que perdemos, ou que jamais teremos saudades da época em que as coisas ainda não tinham mudado de uma maneira em particular. Significa que vivemos intensamente uma experiência e que crescemos ao passar por todos os estágios de luto. Significa que podemos continuar vivendo de uma maneira nova.

Reordenamos a nossa perspectiva e reorganizamos os pensamentos, convicções e a nossa vida para nos adaptar à perda que sofremos.

Aceitamos todos os sentimentos de perda e estamos prontos para novos sentimentos e para viver coisas novas. Ainda teremos, de tempos em tempos, alguns sentimentos típicos dos estágios anteriores, sentimentos que achávamos que já tivéssemos trabalhado, mas isso é normal. Algumas coisas, dentro de nós e na nossa vida, voltarão ao que eram, outras jamais serão as mesmas novamente.

Passará muito tempo até que possamos enxergar tudo o que aprendemos com as nossas experiências. Sofremos maravilhosas transformações positivas que nos ajudarão no futuro. Mas, por enquanto, podemos simplesmente aceitar que o pior já passou e que recuperamos o equilíbrio. Aceitamos a realidade da perda e continuamos a viver de outra maneira. Estamos começando a enxergar novas possibilidades se abrindo para nós. Estamos incorporando a esperança, o amor e a paz ao nosso novo ponto de vista. Estamos nos recuperando — não estamos voltando para o passado, mas caminhando para o futuro.

O CRESCIMENTO ATRAVÉS DO PROCESSO

Embora os estágios de luto descritos anteriormente sejam inerentes a todos os tipos de perdas, existem algumas diferenças no modo como nos recuperamos de cada tipo de perda e no tempo que precisamos para isso. Pode levar algumas semanas para superarmos os estágios de luto pela perda de um emprego ou de uma promoção, mas um ano ou mais para nos recuperarmos completamente da perda de alguém que amávamos. Achamos que estamos indo bem até que alguma coisa de repente nos faz lembrar da perda que sofremos e, então, todos os antigos sentimentos voltam à tona. Todas essas oscilações são normais e podemos aceitá-las como parte do processo, em vez de pensar que naquele altura já *deveríamos* ter superado alguma coisa ou que *não deveríamos* mais nos sentir de uma certa maneira. Podemos aceitar nossos padrões de crescimento e nossas experiências e saber que ficaremos bem.

A perda ou a mudança repentinas podem ser uma grande oportunidade de aprendizado. Temos a chance de desenvolver a mente e o coração de maneiras que jamais imaginamos antes. Podemos ter revelações e reunir forças com o necessário processo de reavaliação que a nossa recuperação exige. Podemos descobrir uma maneira nova de enxergar a vida, as outras pessoas e a nós mesmos, que pode melhorar o nosso futuro.

Uma nova imagem de nós mesmos surge com todo o crescimento que ocorre na recuperação. Descobrimos que temos força e habilidades em potencial que jamais desconfiamos ter. Começamos a aceitar a vulnerabilidade do ser humano, sabendo que ficaremos bem não importa o que aconteça. Passamos a ter mais confiança, fé e amor por nós mesmos e pelos outros. Começamos a nos conhecer como nunca antes.

Precisamos de tempo para curar todas as feridas. No entanto, sabemos que precisamos usar o tempo para nos recuperar, de maneira positiva e amorosa. Temos de nos ajudar e deixar que os outros nos ajudem. Devemos olhar para as coisas de uma maneira nova. Para nos curar precisamos ter fé, esperança e fazer esforços. Podemos tornar as coisas mais fáceis para nós e maior a recompensa final. A serenidade espiritual invade a nossa mente e o nosso coração se deixarmos isso acontecer. Isso não significa acreditar que somos fisicamente invencíveis, mas que ficaremos bem não importa o que aconteça. Os acidentes *vão* acontecer. A recuperação que nos leva a novos estágios de paz, amor e bem-estar também pode acontecer. Tudo o que precisamos fazer é amar a nós mesmos durante esse processo.

Exercícios

Exercício Um

O processo de luto. Reveja os estágios de luto descritos neste capítulo. Veja se você pode aplicá-los a qualquer perda que tenha sofrido. Pode ser uma mudança pequena ou grande. Veja como os estágios podem ser aplicados numa grande variedade de situações, relacionamentos e circunstâncias. Aceite a necessidade que você tem de passar por esses estágios, sem pressa ou impaciência.

Exercício Dois

A lembrança da crise. Pense em outra etapa da sua vida. Distancie-se o suficiente para que possa enxergar a crise objetivamente. Agora faça uma lista de todos os resultados *positivos* dessa experiência. O que você aprendeu? De que maneira cresceu? De que maneira você conseguiu usar em outras ocasiões o que aprendeu com essa experiência? Que talentos, capacidades ou pontos fortes você descobriu que tinha? Como as mudanças resultantes dessa experiência ajudaram você a ficar mais forte?

Capítulo Onze

As Atmosferas

Tendemos a ficar com as mesmas cores do cenário em que nos encontramos.

— Harold Kushner

A atmosfera do lugar em que vivemos pode ser uma das condições mais importantes e negligenciadas da nossa vida. Ignoramos ou subestimamos a influência que aquilo que nos cerca exerce sobre o que sentimos, sobre o nosso humor e sobre a perspectiva que temos. Subestimamos a capacidade que temos de mudar e controlar o ambiente em que vivemos. Ficamos ansiosos, com raiva ou deprimidos com os fatos que não podemos controlar e, por outro lado, fazemos pouca coisa para colocar em prática as verdadeiras opções que temos nessa área.

Geralmente não temos controle sobre a decoração do escritório onde trabalhamos ou das lojas onde fazemos compras. Não podemos mudar a vista de uma janela ou o barulho dos trens, dos aviões ou dos carros que passam perto de nós. Muitos de nós não têm dinheiro para redecorar a casa ou para comprar uma com todas as características que queremos. Aceitar as coisas que não podemos mudar é fundamental para termos paz e felicidade; no entanto, é provável que todos possamos fazer mais do que estamos fazendo para melhorar o ambiente em que vivemos.

Onde você está neste exato momento? O que você têm à sua volta? O que você está ouvindo, que cheiro está sentindo e para o que pode olhar? Eles são agradáveis? Irritantes? Ordenados? Belos? Você pode realmente se concentrar no que está lendo? Que mudanças você pode fazer agora para melhorar o ambiente em que se encontra? Desligar o rádio? Abrir ou fechar a janela? Arrumar a escrivaninha ou o aposento? Alimentar o cachorro para ele parar de latir? Não temos de gastar dinheiro para começar a fazer pequenas mudanças positivas.

Somos realmente afetados pelos ambientes onde tentamos trabalhar, jogar, comer, ler, receber as pessoas, descansar, relaxar e viver. Reagimos com tensão, ansiedade, nervosismo ou mesmo com raiva a certos ambientes. Mas a maioria de nós simplesmente fica irritada ou reclama do ambiente sem tentar torná-lo mais agradável. Todos nós podemos fazer algumas mudanças nos ambientes onde vivemos para assim podermos nos sentir melhor.

Em seu livro *Beyond Codependency*, Melody Beattie descreve como sentia ódio da sua casa que estava precisando de reformas e como a transformou num maravilhoso paraíso para si mesma e para sua família — e ela fez isso com muito pouco dinheiro. Ela escreveu: "Trabalhei muito e consegui arrumar três andares de uma belíssima casa... Aprendi a fazer alguma coisa com quase nada, em vez de fazer quase nada de alguma coisa." Fazemos nada de alguma coisa quando cedemos às reações negativas do ego com relação aos ambientes que podemos mudar. Ao contrário, vamos nos concentrar em algo que esteja ao nosso alcance.

O MÉTODO PRAGMÁTICO

Onde quer que estejamos, podemos começar a observar as coisas que podemos mudar. Podemos nos fazer as duas perguntas básicas que fizemos antes: *Isso é prejudicial?* e *Isso é bom?* Então podemos começar a eliminar o que há de negativo e criar coisas positivas nos ambientes. Como William George Jordan escreveu em *The Majesty of Calmness*, "Para sermos justos conosco, temos de nos recusar a viver em um ambiente que nos impeça de viver da melhor maneira possível".

Por exemplo, temos o hábito de ligar a televisão ou o rádio assim que acordamos e os deixarmos ligados até sair de casa. Podemos nos perguntar se esse hábito está contribuindo com a irritação, ansiedade ou distração que sentimos durante esse momento do dia. Estamos fazendo com que seja impossível ouvir os pássaros cantando, ou até mesmo impedindo a nossa família de falar conosco. Começamos a ter um dia muito mais tumultuado e frenético do que realmente gostaríamos.

Se descobrirmos que algum hábito ou elemento do nosso ambiente nos causa efeitos negativos, podemos começar a eliminá-los ou modificá-los de forma positiva. Podemos tentar passar uma semana sem ligar a TV ou o rádio pela manhã e simplesmente ver o que acontece. Descobriremos a paz transmitida pelo silêncio, os sons adoráveis da natureza ou encontraremos um momento de calma e amor para passar com a nossa família. Se moramos num lugar particularmente barulhento, podemos ouvir algumas fitas ou discos com belas músicas tranqüilas ou com sons da natureza, em vez do barulho da TV ou do rádio que mascaram os barulhos do ambiente.

Usar o método pragmático significa simplesmente descobrir as coisas que podemos fazer para melhorar os ambientes onde vivemos. Quer dizer, observar como reagimos aos sons, aos cheiros e às paisagens que nos cercam. Significa abrir a nossa mente para as possibilidades que temos de viver em ambientes mais tranqüilos e alegres. Esse tipo de auto-análise requer um pouco de tempo e de dedicação. Precisamos realmente estar em harmonia com os nossos sentimentos e reações. Precisamos descobrir de que maneira somos afetados pelas coisas que fazem parte do ambiente que nos cerca. Precisamos decidir se podemos aceitar as coisas que não podemos mudar, se não permaneceremos mais nesse tipo de ambiente ou se faremos mudanças positivas.

Vale a pena tanto esforço? A nossa paz e felicidade valem o esforço de fazermos tudo o que estiver ao nosso alcance para melhorá-las. Como William George Jordan escreveu: "Mudamos as plantas de uma janela para outra de maneira que elas recebam o calor, a luz, o ar e a umidade apropriadas. Não deveríamos ser no mínimo tão cuidadosos com nós mesmos?"

OS AMBIENTES SAUDÁVEIS

Quando foi visitar uma pessoa no hospital, Harry diz que se lembra de ter atravessado um longo corredor e passado por muitos outros quartos. Ele explica:

— Enquanto eu passava pelas portas desses quartos, ouvi tiros, sirenes, gritos de dor, choro, vozes zangadas, berros e música alta, agitada, dramática e ameaçadora que vinham da televisão. Lembro que pensei: *Este ambiente é saudável?*

Quando Harry comentou isso com a enfermeira, ela deu de ombros e disse: — Este é um país livre. Não podemos dizer para as pessoas o que elas podem ver na TV.

Eu acredito muito no bom senso. Você acha que essas coisas contribuem com a cura? Realmente precisamos de regulamentos que nos digam que necessitamos ter paz, calma, beleza, alegria e descanso quando estamos doentes? A maioria dos hospitais procura criar ambientes agradáveis e confortáveis para os pacientes, mas também podemos colaborar através das escolhas que fazemos.

Podemos desligar a televisão ou assistir somente a programas construtivos e que elevem nosso ânimo. Podemos colocar no cômodo em que estamos fotos das pessoas que amamos, plantas e flores, bichos de pelúcia, quadros de lugares de que gostamos ou de belas paisagens, praias ou montanhas. Podemos levar para o hospital um toca-fitas e as fitas das nossas músicas favoritas ou com sons da natureza.

Podemos ler livros e revistas que nos inspirem e deixem mais animados, ou que nos distraiam com um humor positivo. Quer estejamos no hospital ou em casa, há muitas maneiras de criar ambientes mais agradáveis, alegres, aconchegantes e saudáveis para nós e para as pessoas que amamos.

A cura não ocorre somente no nosso corpo. Quando precisamos nos curar mental, emocional e espiritualmente, podemos nos ajudar escolhendo ambientes agradáveis, alegres e terapêuticos. Podemos sentar num parque ou na praia, dirigir no campo ou ir a um museu ou a uma galeria de arte. Podemos descobrir os lugares onde nos sentimos melhor e passar ali o tempo que for preciso.

Podemos também ficar atentos para evitar locais que nos pareçam tristes. Não temos de freqüentar lugares onde tendemos a nos sentir irritados, tristes, com medo ou deprimidos. Como Ann Kaiser Stearns escreveu: "É uma atitude autodestrutiva freqüentar lugares que sejam nocivos à saúde." Quando precisamos nos curar de alguma coisa, temos o poder de escolher ou de criar locais saudáveis para nós.

Os sons

Não precisamos estar doentes para reagir de maneira positiva aos sons que dão prazer e de maneira negativa aos sons que não dão prazer. Eliminar o barulho perturbador do nosso meio ambiente pode ser tão simples quanto ligar ou desligar a televisão, o rádio ou o aparelho de som. Isso pode significar escolher entre ar puro e janelas abertas ou locais silenciosos com janelas fechadas. Em muitos casos, há barulhos que não podemos controlar. Podemos aprender a aceitar esse fato calmamente ou, se for possível, podemos optar por não viver, trabalhar ou nos divertir em locais barulhentos.

Tudo o que ouvimos nos afeta, mesmo quando achamos que não estamos realmente ouvindo. Você nunca ligou o rádio assim que se levantou e passou o dia todo cantarolando uma certa música — mesmo não gostando dela? O método Suzuki de treinamento musical faz uso desse fenômeno, fazendo com que os alunos ouçam diariamente fitas de grandes mestres interpretando grandes obras-primas musicais. Os alunos educam o ouvido para a música clássica executada com perfeição, ouvindo-a repetidas vezes.

Essa é uma maneira positiva de usar a capacidade que a nossa mente tem de gravar o que ouve. Contudo, também devemos tomar cuidado para não deixar a nossa mente registrar um monte de ruídos negativos. Isso é simplesmente uma questão de aprender a prestar atenção no que chega até os nossos ouvidos e fazer escolhas conscientes sobre o que temos controle. E significa evitar barulhos desagradáveis e deixar que a nossa mente tenha o descanso e a lucidez de que precisamos para termos a paz interior e felicidade verdadeira.

A música

A música tem sido usada para ajudar pessoas doentes a relaxar em muitas ocasiões, inclusive nas cirurgias, na cadeira do dentista e numa série de tratamentos e procedimentos médicos. Ela é usada nos berçários das maternidades, assim como nas lojas, nos escritórios e nos restaurantes. Pode nos fazer ficar contentes, tristes, com fome, cansados, revigorados ou calmos. Ela pode nos ajudar a trazer os nossos sentimentos mais profundos à tona para que eles sejam liberados.

A música é uma experiência muito subjetiva. Temos de nos tornar sensíveis às reações que temos para diferentes tipos de música. Muitas pessoas descobrem que reagem com muita intensidade a certos tipos de música ou mesmo a partes específicas de uma música. Quando aprendemos a notar as reações que temos, podemos começar a evitar as músicas que achamos maçantes ou desagradáveis e encher o ambiente com uma que tenha um efeito mais positivo sobre nós.

Em geral, o nosso gosto musical é um hábito desenvolvido desde a infância, pelos tipos de música que ouvimos e pelo gosto musical dos nossos pais, professores e amigos. Mas, na idade adulta, podemos aprender a deixar de lado essas velhas tendências e entrar em contato com novos gêneros musicais. Podemos ampliar nossos horizontes e pesquisar todos os tipos de música que nunca pensávamos que gostaríamos. Podemos criar novos hábitos e desenvolver novos gostos, baseando-nos no que nos faz sentir bem, em vez de ouvir o que os outros dizem de que deveríamos gostar.

Tudo o que temos de fazer é abrir a mente e nos dar a chance de desenvolver novos hábitos e gostos, ouvindo repetidamente as músicas que achamos que nos acalmam, que são prazerosas de ouvir e que nos tragam paz.

Os sons da natureza

Os sons do nosso meio ambiente também incluem aqueles que não são criados pela arte humana. Ondas batendo suavemente na praia, o canto dos pássaros, as baleias ou os lobos uivando, os gansos grasnando — esses são os sons da natureza. Quando eliminamos todos os sons artificiais da humanidade, podemos ouvir outra música que vem de tudo que é vivo. Esses sons, em geral, podem ter um efeito muito relaxante sobre nós.

O gugu-dada dos bebês, o ronronar dos gatos, os sons suaves dos pássaros, dos animais, das folhas ao vento ou da água caindo podem nos fazer sentir muito bem. Podemos encontrar esses sons da natureza à nossa volta, ir a locais onde eles possam ser ouvidos ou ouvir a gravação de uma fita com esses sons. O mais importante é simplesmente relaxar e ouvi-los. Para isso, temos de deixar de lado todos os barulhos e tagarelices interiores que os abafem.

Muitas pessoas gostam de ouvir fitas com o som das ondas do mar ou da chuva caindo. Outras pessoas preferem os sons da natureza combinados com música suave. Fitas desse tipo podem ser encontradas em quase todos os lugares que vendem fitas, mas você também pode fazer a sua. Leve um gravador para uma reserva florestal ou para um parque, para a praia, um rio, uma corredeira ou uma queda d'água, para um viveiro de pássaros do zoológico local, ou para qualquer lugar onde os sons da natureza possam ser ouvidos.

As fitas e os discos com os sons da natureza também podem ser encontrados em muitas bibliotecas públicas. Você pode ouvi-las gratuitamente e escolher os tipos de sons a que reage de forma mais positiva. Então, você pode comprar ou fazer fitas dos sons de que mais gosta. Não faz diferença onde você mora ou quanto dinheiro você tem — a natureza existe para *todos* nós. Mas temos que fazer o esforço de ir até ela e apreciá-la, ou trazê-la para o nosso meio ambiente através das fitas.

O silêncio

A maioria de nós passa muito pouco tempo, ou nenhum, em total silêncio. Vivemos acompanhados pelo som do rádio, da televisão, dos carros, dos caminhões, dos aviões, das vozes e de todos os tipos de barulhos. Mesmo se eliminarmos o barulho desnecessário do nosso meio ambiente e procurarmos ouvir músicas e sons agradáveis, o silêncio ocasional continua sendo essencial para termos paz e felicidade.

O silêncio pode ser um maravilhoso descanso para o pensamento constante e frenético e para o bombardeio de sons estimulantes do nosso meio ambiente. O silêncio pode nos relaxar física, mental e emocionalmente. Ele pode nos dar a chance de entrar em harmonia com nós mesmos e de nos reconectarmos com a nossa paz interior e com o Poder Superior. É sempre em silêncio que descobrimos o nosso espírito.

Podemos arranjar um tempo e um local para ficar em silêncio todos os dias. Isso não precisa levar mais do que alguns minutos, contanto que realmente abandonemos a tagarelice mental e entremos plenamente em contato com o silêncio. Isso pode ser a primeira coisa a ser feita pela manhã, a última à noite ou as duas coisas. Pode ser feito no intervalo para o café durante o expediente de trabalho, enquanto os seus filhos estão dormindo ou no intervalo das aulas. Podemos fazer isso no banheiro, no quarto, no carro, na biblioteca, no museu ou na igreja.

O silêncio é verdadeiramente muito valioso. Ele pode nos dar as dádivas da paz, da calma, da tranqüilidade, do equilíbrio e a consciência da nossa espiritualidade. Ele pode nos deixar descansados, refeitos e prontos para encarar todas as condições da vida com serenidade. Ele pode ser a fonte de onde retiramos a força da tranqüilidade. E ele está disponível para todos nós em algum momento de cada dia. Cabe a nós fazer uso dele.

AS PAISAGENS

As coisas que vemos à nossa volta podem ser agradáveis, irritantes, feias, belas, suaves, estimulantes ou tranqüilizantes. Elas podem ser deprimentes, estimulantes, inspiradoras, tocantes ou assustadoras. Nem sempre estamos conscientes dos efeitos que essas paisagens exercem sobre o nosso humor, pensamentos e sentimentos. Simplesmente sentimos que não gostamos de um certo local ou construção sem realmente saber por quê. Ficamos deprimidos, excitados, agitados ou calmos quando estamos cercados por algumas cores ou por lugares bagunçados, vazios ou em meio à natureza.

Em *The Power of Myth*, Joseph Campbell pergunta: "Onde é a sua estação de contentamento?" Todos nós precisamos de pelo menos um local que seja belo, tranqüilo, seguro, alegre e especial para nós. Alguns de nós têm um lugar favorito num parque ou no campo. Gostamos de certas construções, como os prédios históricos, os museus, as igrejas ou a nossa própria casa. Deve haver um jardim, uma praia ou um bosque onde sempre nos sintamos maravilhosamente bem. Esses locais são importantes para que passemos um tempo sozinhos, e somente *ser* — para nos conhecer e nos religar com o nosso eu espiritual.

Joseph Campbell disse: "Você precisa ter um lugar ou uma certa hora, ou quase isso, por dia, onde você não saiba quais são as notícias do jornal daquela manhã, não saiba quem são os seus amigos, não saiba o que deve para alguém ou o que alguém deve para você. Esse é um lugar onde você pode simplesmente entrar em contato com o que você é e com o que você será. É um local de incubação criativa. Primeiramente, você vai achar que nada acontece ali. Mas, se tiver um local sagrado e usá-lo, alguma coisa finalmente irá acontecer."

No nosso mundo moderno, parece que não existem muitos lugares que pareçam "sagrados" para nós. A igreja não é mais o ponto central da nossa cidade ou da nossa vida. Contudo, podemos criar locais especiais para nós e, parafraseando Joseph Campbell, podemos sacralizar as nossas próprias paisagens, o nosso meio ambiente e fazer deles "locais de relevância espiritual" para nós. Podemos encontrar ou criar a nossa própria "estação de contentamento."

Os espaços verdes

Não podemos controlar muito do que vemos quando saímos pelo mundo. Mas escolhemos muitos dos lugares onde passamos o nosso tempo. Por exemplo, se achamos que devemos permanecer num emprego em que os ambientes nos parecem desagradáveis, podemos sair e dar uma caminhada nos intervalos ou na hora do almoço. Ou, se tivermos tempo e transporte, podemos ir a um parque, ao zoológico, a uma estufa de plantas, a um jardim botânico ou a outro ambiente natural por algum tempo. Podemos sair alguns minutos mais cedo pela manhã para optar por um caminho para o trabalho que tenha "cenas mais aprazíveis" ou para evitar o trânsito e proporcionando a nós mesmos um início de dia agradável.

A necessidade que o ser humano tem de um pouco de tempo e espaço junto à natureza é importante. Joseph Campbell disse que a "sensação da presença da natureza é uma necessidade básica do homem. Mas agora vivemos na cidade. Ela é toda feita de pedras e cimento, construída pelas mãos humanas. Você sente que é um tipo diferente de mundo para se crescer quando está na floresta com os esquilinhos e as grandes corujas. Todas essas coisas estão à sua volta, representando forças, poderes e possibilidades mágicas da vida que não são suas e, ainda assim, são parte da vida que as abre para você. Então você as descobre ecoando em você, porque você é a natureza".

As pessoas que planejam as cidades criam espaços verdes nas nossas áreas urbanas para nos proporcionar intervalos agradáveis entre os prédios e o calçamento de concreto. Precisamos desses espaços por causa do oxigênio produzido pelas árvores, mas também para o descanso visual que eles proporcionam e para manter a calma em meio ao ambiente da cidade. Podemos aproveitar esses espaços, usando-os com a finalidade para que foram projetados. Podemos também nos lembrar de planejar os nossos próprios ambientes cuidadosamente.

Para criar ambientes naturais na nossa casa, não precisamos de muito espaço ou dinheiro. Um cantinho, uma sala, uma sacada, uma varanda, uma jardineira, um deque ou um quintal repleto de folhagens pode ser um excelente refúgio. Podemos cultivar plantas, árvores, flores, legumes e verduras, mesmo num espaço fechado. Podemos aprender como cuidar de um jardim e passar uma parte do nosso tempo cercados por belas folhagens.

A luz

A claridade dos ambientes altera o nosso humor e o nosso estado de alerta. A luz fraca tende a nos fazer sentir cansados, sonolentos ou entediados. Ela também provoca sentimentos de tristeza, ansiedade e hostilidade. Algumas pessoas que são muito sensíveis à mudança da luminosidade que ocorre durante o ano sofrem de depressão sazonal. Mesmo aqueles que adoram os dias chuvosos precisam tomar um pouco de sol depois de um certo tempo.

A luz é algo que podemos facilmente controlar em nossa casa, usando iluminação fluorescente e incandescente onde acharmos agradável. Podemos experimentar diferentes níveis de claridade, tintas coloridas e pontos de iluminação. Podemos escolher com cuidado as cortinas, as persianas, os abajures e os períodos e a quantidade de luz solar que entra em nossa casa.

Também não podemos nos esquecer de sair ao ar livre com freqüência para nos expor a um pouco de luz natural. Mesmo nos dias nublados alguma luz natural passa por entre as nuvens. Podemos aprender a observar como a luminosidade afeta o nosso humor e os nossos sentimentos e começarmos a fazer algumas mudanças para obtermos a luz de que precisamos. Também podemos tomar cuidado para não ficar expostos durante muito tempo à luz intensa e direta do sol. Isso pode nos deixar cansados e superaquecidos. O equilíbrio é o nosso objetivo quando determinamos o tipo e a quantidade de luz de que necessitamos.

Podemos analisar as reações que temos com relação à luminosidade de forma pragmática. Como nos sentimos depois de passar toda a tarde numa sala de conferência escura? Depois de passarmos horas embaixo da luz intensa do sol? Depois de curtos períodos sob a luz moderada dos raios de sol, sob a iluminação incandescente ou fluorescente? Podemos usar essa informação para decidir o nível mais apropriado de luminosidade.

A cor

Ao escolher as cores das roupas, da casa, do carro, do jardim e de outros elementos dos ambientes que freqüentamos, podemos adotar também o método pragmático. De que cores gostamos? Podemos verificar por que razão usamos ou compramos coisas de determinadas cores. Se é porque alguém nos disse que ficaríamos melhor com elas ou porque é a cor da "moda". Podemos começar a nos perguntar que efeitos certas cores têm sobre nós. Que tipo de roupa gostamos de usar? Quais são as nossas construções, aposentos e objetos favoritos? De que cor eles são? Quando formos a algum lugar comprar alguma coisa, podemos optar pelas cores que achamos mais agradáveis e bonitas e encher os ambientes com as cores a que reagimos de forma mais positiva.

Os decoradores escolhem as cores de acordo com a atmosfera ou clima que eles querem dar a um certo ambiente. Por exemplo, não pintaremos um aposento de vermelho-vivo se quisermos usá-lo especialmente para descansar — o vermelho é uma cor estimulante. Geralmente as cores suaves e claras são mais agradáveis e tranqüilizantes do que as cores berrantes ou escuras. A Psicologia e a Metafísica têm muitas teorias sobre os efeitos que a cor exerce sobre as pessoas. Se você acha que essas teorias são úteis, adote-as. Mas eu acho que o método pragmático pode ser uma maneira eficaz para escolhermos as cores que contribuem para a nossa paz interior e felicidade.

A ordem

Outro elemento visual do nosso ambiente é a quantidade de bagunça ou de coisas que acumulamos. Quando temos o hábito de acumular objetos que pretendemos usar um dia, acabamos com tanta tralha à nossa volta que o ambiente fica apinhado de coisas. Precisamos dar uma olhada nessas coisas e decidir o que realmente queremos guardar. Precisamos organizá-las e colocá-las em gavetas e armários para manter o local em ordem.

Os seres humanos geralmente se sentem melhor em ambientes cuja decoração prima pela simplicidade. O estímulo exagerado causado pelo excesso de objetos chamando a nossa atenção é estressante. Podemos seguir o conselho de Henry David Thoreau para "Simplificar! Simplificar!" e criar um ambiente visual mais calmo e tranqüilo para nós. A limpeza e a ordem abrem espaços que podem ser muito mais agradáveis e contribuem mais para a nossa paz interior e a felicidade do que todas as parafernálias modernas que temos a tendência de acumular.

A ordem é natural no universo e talvez esse seja o motivo por que as pessoas reagem positivamente a ela. Só o fato de deixarmos o ambiente que freqüentamos em ordem pode nos proporcionar uma sensação de calma, satisfação e paz. Descomplicar os efeitos visuais à nossa volta pode nos trazer muita calma — mesmo que nos consideremos uma pessoa tranqüila. Isso não significa que deveríamos ter obscessão por ordem e limpeza. Contudo, podemos descobrir formas de eliminar a bagunça e simplificar o esforço necessário para se manter um ambiente calmo, tranqüilo e ordenado.

A beleza

Henry David Thoreau escreveu: "A percepção da beleza é um teste moral." Se notarmos o que é belo ao nosso redor, estaremos despertando a beleza dentro de nós. Mesmo quando não podemos ver nada além de dor, tormento e desolação, isso não quer dizer que não exista beleza dentro de nós — significa apenas que perdemos o contato com ela. Quando redescobrimos a nossa beleza interior, podemos vê-la em tudo a nossa volta.

Podemos ver o belo em muitas coisas e lugares se simplesmente abrirmos a nossa mente para a presença dele e tivermos tempo para procurá-lo. Também podemos freqüentar locais onde haja beleza ou criá-la em nossos ambientes. Podemos visitar galerias de arte e museus e encher os nossos ambientes com belos livros, quadros, tecidos, fotografias, plantas e flores.

Depois de ter se submetido a uma cirurgia, Hilary passou vários dias se recuperando no sofá da sala de estar.

— Era o lugar mais confortável para descansar e eu podia assistir à TV se quisesse — ela explica. — Mas eu descobri que não queria. Não queria ler ou fazer outra coisa qualquer nos primeiros dias. Lembro-me de que ficava deitada ali, passando os olhos pela sala, olhando tudo. Olhar para as flores que o meu marido me trouxera era maravilhoso. Os meus olhos descansavam, imóveis, sobre elas, enquanto estava deitada ali, e eu sentia um incrível prazer com a beleza delas. Foi uma experiência comovente.

Hilary diz que costumava pensar que dar flores de presente às pessoas fosse só um hábito social, simplesmente uma coisa que você tinha que fazer.

— Mas não penso mais assim — ela diz. — Eu dou flores para as pessoas o tempo todo, agora, e sempre tenho algumas na minha escrivaninha. Nunca mais subestimei o valor da beleza. Ela faz eu me sentir muito bem.

A beleza visual pode realmente nos fazer sentir muito bem. E para isso não precisamos ter muito dinheiro. Um aposento vazio, cuidadosamente pintado, pode ser um lugar maravilhoso e nos dar um grande prazer. Algumas sementes podem fazer um jardim ficar cheio de flores magníficas e coloridas. A entrada em museus de várias cidades é gratuita ou barata, e eles estão repletos de trabalhos artísticos, móveis e outras coisas lindas de se ver. Não subestime o impacto que simplesmente olhar para coisas belas pode causar ao seu estado de espírito, aos seus sentimentos e perspectivas.

A natureza nos oferece muitas experiências visuais belas. Os lagos, os oceanos, os rios, os riachos, as árvores, as montanhas, as ilhas, os pássaros, as borboletas, os peixes, os corais e muitos outros deleites visuais estão disponíveis para todos nós, não importa onde moramos. Podemos ver coisas na nossa própria região, ou nos museus, nos livros, nas revistas, nos programas de televisão ou nos filmes. Podemos comprar pôsteres baratos de paisagens naturais maravilhosas ou de grandes trabalhos artísticos. Há uma série de maneiras de todos nós nos cercarmos de beleza. O primeiro passo e o mais importante é abrir o coração e a mente para isso.

Os cheiros

O nosso olfato tem um importante papel, quando entramos em contato com qualquer ambiente. Algumas coisas têm um cheiro desagradável para nós devido à aversão natural do nosso corpo a substâncias prejudiciais, como comida estragada. Outras reações aos odores vêm das nossas lembranças, conscientes e inconscientes. Por exemplo, se ficarmos doentes ao comermos uma determinada coisa, podemos nos sentir enjoados sempre que sentirmos o cheiro desse alimento, mesmo que não nos lembremos de que ele um dia nos fez mal.

Por outro lado, odores específicos podem ser associados a recordações agradáveis e nos provocar uma reação mais positiva. O perfume usado por alguém que amamos, as comidas que preferíamos na infância ou mesmo o sótão mofado onde brincávamos podem criar agradáveis lembranças olfativas. Uma mulher diz que o gás dos ônibus da cidade a faz se lembrar de viagens alegres e excitantes que fazia quando era criança e morava numa fazenda. Um odor que nos faz lembrar de um acontecimento ou de uma pessoa agradável pode nos parecer agradável.

Parece que existem alguns odores que agradam a maioria das pessoas. Muitas gostam do cheiro de grama cortada, de chuva, de pão assado, de torta de maçã quente, de canela e de outras especiarias, de flores, ervas e frutas frescas. O cérebro humano pode ter uma reação de relaxamento, prontidão e muitos sentimentos positivos a esses aromas. As empresas tomam muito cuidado ao fabricar produtos de limpeza para casa, porque costumamos comprar só aqueles cujo cheiro nos agrada.

Podemos encher a nossa vida com os aromas que preferimos. Escolher os sabonetes e outros produtos perfumados cuidadosamente pode nos ajudar a ficar rodeados pelos cheiros de que gostamos. Podemos abrir as janelas para que o ar fresco entre, periodicamente, ou pendurar as roupas no varal, em vez de usar a máquina de secar roupas. Podemos usar velas, óleos perfumados ou ferver a canela e outros temperos na água e encher a nossa casa com um perfume agradável.

As outras pessoas

William George Jordan escreveu: "Todo homem tem uma certa aura que afeta todos os outros." Todos já estivemos perto de pessoas que parecem trazer à tona o pior em nós. Elas provocam medo, raiva, preocupação, ansiedade, expectativas e reações negativas. Elas têm comportamentos que afetam o nosso ego de todas as maneiras desagradáveis. Todo o mundo *tem* uma aura que afeta os outros.

É difícil nos respeitarmos quando passamos muito tempo perto de pessoas que não nos respeitam. Certas pessoas e circunstâncias podem envolver fortemente o nosso ego e nos fazer participar dos jogos destrutivos do ego. Não há nenhum problema em evitar isso evitando essas pessoas. Todos sabemos que os outros às vezes perturbam a nossa paz e tranqüilidade. Todos sabemos como a atmosfera da nossa casa pode mudar com a presença de uma visita. O delicado equilíbrio dos relacionamentos e auto-imagens muda.

Donna diz que se sentia diferente sempre que o irmão do marido lhes visitava:

— Ele costumava ir lá em casa com muito mais freqüência, e eu achava que nada mudava realmente quando ele estava conosco — ela diz. — Mas, agora, o tempo passou, e acho que eu mudei. Quando ele está por perto, *tudo é* diferente. Posso sentir que estou agindo de maneira diferente, falando de maneira diferente, até sentando e andando de maneira diferente. Sinto a linguagem do meu corpo me protegendo. O meu marido também age de outra forma, e ficamos diferentes um com o outro. É quase como se não fôssemos *nós* quando o meu cunhado está por perto. Tornamo-nos outras pessoas: pessoas que eu nem sequer reconheço.

Algum dia atingiremos um tal nível de maturidade espiritual que poderemos ficar perto de *qualquer pessoa* sem que ela afete nossa paz e o nosso eu interior. Mas até lá podemos conservar a nossa paz interior e a serenidade evitando as pessoas negativas e procurando ficar perto daquelas que são mais agradáveis, tranqüilas e que inspiram as nossas melhores qualidades. Isso pode ser difícil ou até impossível se as pessoas negativas forem os nossos chefes, colegas de trabalho, membros da família e outras pessoas com quem somos obrigados a nos relacionar, pelo menos durante algum tempo.

Podemos nos afastar das pessoas que nos afetam adversamente sem ficar zangados ou fazer algum julgamento. Podemos deixar de ver as pessoas que provocam um efeito negativo sobre nós, vê-las esporadicamente ou uma vez ou outra, e sempre nos nossos próprios termos (sem que a pessoa tome bebidas alcoólicas, por exemplo). Podemos ter cuidado ao escolher as pessoas que convidamos para ir à nossa casa e evitar locais onde sabemos que encontraremos pessoas negativas.

Podemos procurar fazer compras onde os vendedores façam um bom serviço. Mesmo que isso nos custe um pouco mais ou fique um pouco fora do nosso caminho, não vale a pena receber um sorriso e um atendimento mais caloroso? Um vendedor grosseiro e hostil pode arruinar o nosso dia. A menos que saibamos que não ligaremos para isso e que isso não nos afetará, podemos evitar esses lugares e procurar ambientes mais agradáveis para fazer compras.

Quando fazemos tudo o que é possível para evitar as pessoas negativas, fazemos a pausa necessária para voltar atrás e aceitá-las como são. Podemos tentar parar de discutir com elas, convencê-las, atacá-las ou nos defender delas. Podemos simplesmente aceitá-las como são, querer-lhes bem e cuidar da nossa própria vida. Podemos optar por não tomar conhecimento dos aspectos mais negativos do ego das outras pessoas.

Podemos, por outro lado, procurar nos relacionar com pessoas que trazem à tona o que temos de melhor. Os professores, colegas de trabalho, amigos e membros da família que procuram nos respeitar, compreender, encorajar e aceitar podem nos dar o alimento espiritual de que precisamos. Elas nos ouvem, sem fazer uma série de suposições ou ter uma série de preconceitos, e nos tratam com respeito, mesmo que não concordem conosco. Só o fato de estarmos do lado delas parece melhorar a nossa perspectiva e a nossa auto-imagem.

Podemos procurar ter relacionamentos positivos, agradáveis, amistosos, serenos e alegres com as outras pessoas comportando-nos dessa maneira. Não podemos atacar as pessoas com palavras ou com expressões faciais desagradáveis e esperar que elas nos tratem gentilmente. Quando deixamos o nosso espírito vir à tona e se expressar, sempre somos tranqüilos e gentis. Entendemos os medos e as dificuldades das outras pessoas e as apoiamos. Quando as aceitamos como são, trazemos à tona o que há de melhor nelas, através da paciência, da serenidade, da paz e da alegria.

As condições ambientais

Podemos freqüentar e criar ambientes que sejam tranqüilos, afetuosos e que provoquem em nós a felicidade e o bem-estar verdadeiros. Podemos examinar as condições que podemos mudar nos nossos ambientes e escolher conscientemente onde passar o tempo. Podemos aceitar as condições que não podemos modificar e parar de ficar brigando com as pessoas negativas. Podemos descobrir os efeitos que as nossas atitudes exercem sobre os ambientes e aprender a dar uma contribuição positiva. Podemos levar aonde formos uma aura de amor, paz, gentileza e alegria.

Quando nos desenvolvemos e evoluímos na nossa jornada espiritual, descobrimos que os nossos gostos mudam espontaneamente. Em cada fase da nossa vida, podemos nos sentir atraídos por determinadas cores, estilos de roupas, mobílias e tipos de arquitetura. Nosso gosto musical ou referente a qualquer outra manifestação artística muda continuamente com o passar dos anos.

Nós não temos que nos julgar, ou aos outros, pelo fato de nossos gostos mudarem. Eles não são "bons" nem "ruins" — cada um deles serve para propósitos diferentes e em momentos diferentes da nossa vida. Agora é hora de analisar todos os aspectos do nosso ambiente, descobrir quais deles contribuem para que tenhamos paz e felicidade e usar essa informação da melhor forma possível. A nossa paz e felicidade não têm de ser afetadas por ambientes desagradáveis. Podemos aceitar o que não podemos controlar e mudar o que podemos. E isso pode ser muito divertido.

Exercícios

Exercício Um

Sons. Identifique os sons do ambiente em que você vive que sejam agradáveis, acalmem e lhe tragam paz. Que sons lhe parecem irritantes, altos ou desagradáveis? O que você pode fazer para modificá-los ou eliminá-los? Faça as mudanças necessárias para cercar-se de sons que lhe agradem.

Exercício Dois

Paisagens. Existe algum lugar onde você se sente em paz e feliz? Com que freqüência vai até lá? Existe algum lugar agradável em meio à natureza que você visite regularmente? De que maneira você pode organizar visitas constantes à sua "estação de contentamento"? Como você pode melhorar visualmente os ambientes onde vive para aumentar a sua paz interior e felicidade?

Exercício Três

Cheiros. Observe os cheiros de todos os ambientes que você freqüenta. Quais são os seus favoritos? Como eles fazem você se sentir? Como você pode acrescentar aromas agradáveis aos ambientes em que você vive diariamente? Descubra novos odores visitando padarias, estufas de plantas ou qualquer outro lugar que você ache que cheira bem. Asse pães e tortas em casa; se gostar desses cheiros. Descubra perfumes diferentes e cerque-se com os seus favoritos.

Capítulo Doze

As Escolhas Positivas

Você realmente já pensou em quantas oportunidades já teve para se alegrar e quantas vezes se recusou a aproveitá-las?

— A Course in Miracles

Embora todos nós precisemos lutar contra o ego, existem muitas formas de lembrarmo-nos de olhar as coisas de maneira nova, guiarmo-nos pelo ponto de vista do espírito, ter experiências espirituais e optar pela felicidade. Porém, não poderemos aproveitar essas oportunidades se nos recusarmos a enxergá-las ou a acreditar nelas.

Quando Rachel passava por um período difícil na vida, ela tinha o mesmo sonho, repetidamente.

— Foi a única época da minha vida em que eu tinha exatamente o mesmo sonho várias vezes — ela diz. — A primeira parte era muito agradável. Eu estava sozinha no carro, dirigindo por uma estrada. O tempo estava maravilhoso e o vento soprava nos meus cabelos, enquanto eu passava pelo campo. Um enorme sol alaranjado começava a se pôr à distância, à minha esquerda.

Rachel diz que essa parte do sonho transmitia-lhe paz e felicidade.

— Enquanto eu dirigia, sentindo-me ótima — Rachel continua —, deparei com uma pequena estrada de ferro que atravessava a estrada. Não havia um semáforo, um sino ou qualquer coisa assim —

havia simplesmente um daqueles sinais para parar que você vê nas estradas. Eu parava, olhava para os lados e começava a cruzar a estrada de ferro. Mas, assim que começava a passar pelos trilhos, o meu carro afogava. Eu tentava fazer ele pegar, virando a chave da ignição, mas ele não pegava. Então notava, ao longe, o barulho de um trem que vinha à minha esquerda. O sol ofuscava a minha visão, por isso eu não podia vê-lo, mas podia sentir que ele estava cada vez mais perto. Eu continuava pisando no acelerador e virando a chave da ignição, mas o carro não pegava. O barulho do trem ficava cada vez mais alto. Então começava a entrar em pânico e a tentar desesperadamente fazer o motor pegar. Fazia isso muitas vezes, por um tempo que parecia eterno. Finalmente, a grande silhueta escura do trem chegava mais perto, o barulho ficava ensurdecedor e *bum!* Eu era atingida. Aí eu acordava.

Rachel conta que teve esse sonho três ou quatro vezes, até notar que *jamais lhe ocorrera sair do carro* — e que ela só pensava nisso depois que acordava. Ela diz:

— Quando ele finalmente me atingia era como uma grande revelação: *por que simplesmente não saía do carro?* Era tão simples e *óbvio*, mas isso realmente nunca me ocorrera antes. Eu sabia que o sonho estava tentando me dizer algo sobre a minha vida. O meu subconsciente ou espírito, ou como se queira chamar, estava me dando um recado importante.

Essa história ilustra de maneira clara como podemos ficar cegos diante de todas as escolhas que estão disponíveis para nós. As coisas que achamos que não podemos eliminar da nossa vida podem ser facilmente deixadas para trás se nos dispusermos a crescer de uma maneira nova. As coisas que achamos que são impossíveis de conquistar ou de incorporar à nossa vida já podem estar à nossa disposição se simplesmente acreditarmos nisso. Tudo o que temos que fazer é *sair do carro*.

Os hábitos

Acho que um dos principais motivos de continuarmos fazendo coisas que sabemos que não são boas para nós e de não fazermos coisas que nos dêem mais paz, alegria e bem-estar é simplesmente o *hábito*. Fazer as coisas que estamos acostumados a fazer e que fazemos sempre do mesmo jeito é muito cômodo. Fazer coisas novas de maneira nova faz com que nos sintamos estranhos e provoca medo em nosso ego.

Devido à maneira como o nosso cérebro funciona, isso é normal. Os padrões de comportamento estão gravados nele e nos parece natural repeti-los. Para que nos comportemos de maneira nova é preciso que o nosso cérebro crie novos padrões. Leva tempo, e a repetição deve ser freqüente para formarmos um novo hábito, mas isso pode ser feito. Vale a pena fazer um pouco de esforço para substituir os hábitos antigos, negativos e autodestrutivos por outros novos e positivos.

Não só cultivamos hábitos na maneira de nos comportar como também na maneira de pensar. Aquilo que pensamos e a maneira como pensamos são hábitos antigos que se formaram ao longo da vida. Lembrarmo-nos de que há sempre outra maneira de olhar para qualquer coisa é uma forma de começarmos a nos libertar desses antigos hábitos. As nossas atitudes e convicções habituais afetam o nosso comportamento, por isso devemos analisá-las se quisermos substituir os comportamentos antigos por novos.

É mais fácil deixar de lado pensamentos e comportamentos habituais quando temos uma idéia de como queremos substituí-los. A meu ver, é melhor nos concentrarmos nas escolhas positivas que podemos fazer do que simplesmente evitar as negativas. Podemos recorrer a lembranças boas para conservarmos uma perspectiva mais positiva, que resultará em comportamentos mais positivos.

Atenha-se ao que é simples

Os seres humanos não parecem gostar de fazer o que é difícil. Sempre que possível, tendemos a escolher o caminho mais fácil. As coisas que mais gostamos são, geralmente, aquelas que conseguimos com mais facilidade. Sabendo disso, podemos ter sucesso fazendo mudanças da forma mais fácil possível. Podemos fazer mudanças positivas dando um passo pequeno de cada vez. Podemos escolher métodos de aprendizagem que estejam de acordo com as nossas habilidades e interesses. Podemos nos livrar de hábitos antigos, indesejáveis e cultivar outros.

A mudança requer tempo e força de vontade, mas podemos tornar o processo mais fácil se as coisas forem simples. A determinação e a repetição ajudam. Podemos nos lembrar de ser responsáveis pelos ambientes em que vivemos e com a maneira como planejamos o nosso dia. Podemos nos cuidar física, emocional, mental e espiritualmente. Podemos analisar os nossos padrões de pensamento e de comportamento de forma pragmática, deixando de lado aqueles que não contribuem para o nosso verdadeiro bem-estar e felicidade.

Quando abandonamos os nossos hábitos negativos e os substituímos por outros mais sadios, podemos nos concentrar na manutenção desses hábitos e na harmonia entre a mente, o corpo e o espírito. O equilíbrio nessas áreas resultará num total bem-estar e na possibilidade de contribuir positivamente para o mundo. A simples consciência desses aspectos pode ajudar a fazer as melhores escolhas para nós. No dia-a-dia, podemos nos lembrar de nos concentrar no presente e de reservar tempo para relaxar, meditar, orar e nos divertir. Podemos encher os ambientes onde vivemos com paisagens, sons e odores agradáveis. Podemos usar as afirmações para trazer a nossa mente de volta ao ponto de vista positivo do espírito.

As afirmações

Você se lembra de quando fazia alguma coisa errada no primário e o professor o obrigava a escrever cem vezes que não voltaria a repetir o mesmo erro? Esse professor sabia que as frases repetidas ficam gravadas no nosso cérebro. Porém, o erro dele era usar palavras negativas nessas afirmações. *Use sempre palavras positivas nas suas afirmações.* Por exemplo, "Estou relaxado e confiante" dá muito mais resultado do que "Eu não estou mais preocupado". Muitas frases já estão gravadas no nosso cérebro e, por sempre nos lembrarmos delas, acabam afetando a nossa perspectiva e o nosso comportamento; optar por afirmações positivas quer dizer simplesmente assumir a responsabilidade por essas mensagens gravadas.

As afirmações são enunciados de certos pontos de vistas e conceitos. Podemos usá-las como lembretes rápidos e simples para voltarmos para os pensamentos positivos. Podemos repeti-las muitas vezes, como se fossem *mantras* capazes de criar padrões novos de pensamento em nossa mente e substituir os antigos e negativos. Todos falamos com nós mesmos o tempo todo. Acordamos pela manhã e imediatamente começamos a pensar. Por que não fazer um esforço para começar o dia com pensamentos positivos? Isso nos ajudará a sentir mais esperança e felicidade. De qualquer forma, não custa nada.

Os membros da Alcoólicos Anônimos (AA) usam afirmações como Um Dia de Cada Vez; Vá Com Calma; Siga em Frente e Seja o que Deus quiser; e Descomplique, para ajudá-los a se lembrar das metas e dos princípios do programa. Podemos usar afirmações da mesma maneira. Podemos escrevê-las, pensá-las, cantá-las ou entoá-las repetidamente. Podemos espalhar alguns pequenos lembretes pela casa ou no trabalho, para nos lembrarmos dessas afirmações. Podemos usar os lemas dos AA, outras frases de efeito, trechos de orações ou podemos criar as nossas próprias mensagens.

"Fique no aqui e agora"

Essa frase simples pode ser usada como um lembrete para nos concentrarmos no momento presente, deixando de lado a ansiedade com relação ao passado ou ao futuro. Isso pode nos ajudar a voltar para o momento presente sempre que reagirmos a ele como se estivéssemos no passado. Pode nos ajudar a ficar concentrados no relacionamento ou situação presentes e a deixar para trás as nossas feridas, decepções, frustrações e raivas do passado.

A memória é uma função vital do cérebro humano. Contudo, lembrar é diferente de reviver — ela requer um certo grau de desapego e de perspectivas. Quando revivemos os sentimentos antigos do passado, não estamos simplesmente nos lembrando. Estamos transferindo para o presente as reações que tivemos anteriormente — e elas não pertencem ao agora.

"É a vida..."

Ninguém pode negar a verdade dessa afirmação. Ela é uma variação do "A vida continua" e do "O que será, será". Contudo, ela está concentrada no presente, no que *é*, e não no que será. Essa simples afirmação pode nos fazer lembrar de que a vida é repleta de mudanças, desapontamentos e fracassos inesperados. Ela pode voltar a nossa perspectiva para o desapego e para a aceitação.

Essa expressão pode acabar com a ilusão de controle que fica martelando na nossa cabeça e nos ajudar a deixar de lado as coisas que não podemos mudar. Afinal, é a vida... — e toda preocupação e raiva que sentimos e a tentativa que fazemos de manipulá-la não podem controlá-la. Quando temos uma atitude de aceitação diante da vida, podemos nos concentrar em algo que *podemos* mudar — nós mesmos. Podemos escolher a atitude que vamos tomar, de forma racional e com calma, quando nos depararmos com as primeiras reações do ego.

"Grande coisa"

Isso pode ser expresso de várias maneiras: *Quem se importa? E daí? Deixe pra lá. Não esquente a cabeça por tão pouco. Isso é realmente importante?* Essas frases nos ajudam a manter as coisas na sua devida proporção. Depois que o nosso ego reage aos mínimos problemas como se eles fossem as maiores catástrofes, podemos nos lembrar de ficar tranqüilos e começar a analisar a situação de forma mais realista. Podemos nos perguntar qual é realmente o problema, quais serão as conseqüências e por que reagimos a ele de maneira tão exagerada. Então podemos ter uma atitude calma e racional para resolvê-lo ou aceitá-lo.

"A coisa está só começando" tornou-se um chavão para justificar o nosso comportamento de não ceder até o último momento. Se a coisa não é importante, então ela não é importante. A expressão "grande coisa" nada mais é do que uma simples reclamação do ego. Podemos aprender a reconhecer o que realmente não tem importância. Podemos deixar o que não importa para trás e ficar em paz.

*

Expressões como as citadas anteriormente e as afirmações podem nos ajudar a controlar as nossas reações, os nossos sentimentos e pensamentos. Elas podem ser instrumentos úteis para mantermos a serenidade e a paz. Podem ser só uma pequena parte da responsabilidade que assumimos por nós mesmos e por nossa felicidade.

O PODER DO PENSAMENTO

As afirmações podem ser um instrumento útil para levar a nossa mente de volta para um ponto de vista positivo, quando temos crenças e atitudes obsoletas e negativas. Porém, existem muitas outras formas de pensar coisas positivas de maneira positiva. Podemos sempre voltar a fazer uma análise pragmática dos nossos hábitos antigos para descobrir que pensamentos e atitudes contribuem para que tenhamos pontos de vista negativos e positivos.

Os *Upanishades* hindus, o *Dharmapada* budista e a Bíblia judeucristã nos falam sobre o poder do pensamento. Somos lembrados muitas vezes para tomar cuidado ao escolher os nossos pensamentos. Contudo, sempre achamos que todas as coisas que passam pela nossa cabeça estão fora do nosso controle. Achamos que o que vem de fora é incontrolável e inevitável, que os nossos pensamentos, oportunos ou inoportunos, vêm do mundo exterior e invadem livremente a nossa mente.

A verdade é que temos controle sobre os nossos pensamentos e sobre grande parte dos estímulos que afetam a nossa mente. No capítulo sobre atmosferas falamos sobre os aspectos do nosso ambiente, como os sons, as cores, os aromas e a natureza. Contudo, muitas outras coisas influenciam a nossa mente. Que leituras optamos por fazer? A que programas de televisão assistimos? Sobre o que pensamos?

Nos dias que prestamos atenção à nossa saúde, tomamos cuidado com as coisas que ingerimos. Ficamos atentos ao nosso consumo de gorduras, de calorias, de colesterol, de sal, de açúcar, de nicotina, de cafeína, de álcool, de drogas de outros tipos, de aditivos químicos dos alimentos e aos poluentes do ar e da água. Não deveríamos ser, no mínimo, tão cautelosos com o que passa na nossa cabeça? Se o nosso objetivo é ter paz mental e felicidade, devemos pelo menos refletir sobre estas questões: O que estamos deixando que invada a nossa mente todos os dias? Como esses pensamentos afetam nossa paz, tranquilidade e alegria?

Hugh Prather escreveu: "Você não pode realmente esperar que a sua mente funcione num nível mais elevado do que o das idéias com que você a alimenta continuamente." Que tipo de alimento você dá à sua mente? Que tipo de pensamento você deixa invadir a sua consciência todos os dias? O que você pode fazer para diminuir os que são negativos e aumentar os que são positivos? Podemos nos lembrar de que grande parte do que passa em nossa mente vem dos nossos hábitos — do que lemos, do que vemos na televisão, do que ouvimos no rádio, nas fitas ou nos discos e do que falamos e ouvimos das pessoas. Todas essas coisas estão sob o nosso controle.

Quando examinamos essas escolhas pragmaticamente, podemos nos perguntar que efeitos cada uma delas exerce no nosso estado mental, nas nossas emoções, na paz e na felicidade que sentimos. Ler romances faz você se decepcionar com a vida real? Falar com certas pessoas faz você ficar ressentido, zangado, sentir-se inferiorizado ou sem ânimo? Ver os noticiários faz você ficar com medo, com raiva ou deprimido?

Vamos analisar objetivamente todas as coisas que invadem a nossa mente. Ficar a par de todos os tipos de coisas sobre as quais não podemos fazer nada, ou que nos fazem sentir medo, ansiedade ou preocupação, só confunde a nossa mente e impede que concentremos o nosso tempo e energia nas coisas positivas que *podemos fazer*.

O LAZER

Não temos de nos limitar só a ler livros, ver filmes, assistir a programas de televisão ou ouvir músicas "educativos". Dedicar um tempo ao lazer também é importante. Todos precisamos nos divertir, rir e relaxar. Contudo, podemos aprender a perceber os efeitos negativos que qualquer tipo de arte ou de divertimento exercem sobre nós e eliminá-los da nossa vida. É importante nos lembrarmos de que *podemos* evitar a maioria das coisas negativas que invadem a nossa mente.

O lazer saudável faz com que nos sintamos bem — alegres, animados, inspirados, encorajados, descontraídos e em paz. Precisamos, realmente, que algum "especialista" nos diga que ver sangue e fantasias doentias de pessoas que são cruéis umas com as outras não exercerá um efeito positivo sobre nós? Podemos ter suficiente auto-respeito para zelar pela porta da nossa mente com mais cuidado. O lazer deve ajudar e não prejudicar a sua paz e felicidade.

ALIMENTO PARA A ALMA

Podemos nutrir e alimentar o nosso coração, espírito ou eu superior de muitas formas. Em seu livro *Super Joy,* Paul Pearsall denomina isso de "nutrição espiritual" ou "alimento para a alma". Esse tipo de cuidado consigo mesmo começa pelo zelo com nosso corpo. Quando estamos nos sentindo bem fisicamente, conseguimos nos concentrar mais em outras coisas. Se nos deixarmos levar pela depressão, podemos nos sentir impotentes quando alguma coisa que precise da nossa atenção acontecer.

Assumir a responsabilidade pela nossa saúde e bem-estar pode também nos levar a passar o tempo de várias formas agradáveis. Os esportes e outras formas de exercício podem nos dar a oportunidade de passar momentos agradáveis na companhia de outras pessoas. Cuidar do nosso corpo, assim como da nossa aparência, também pode ajudar a nos sentir mais confiantes.

Cuidamos do nosso corpo de várias maneiras saudáveis: alimentando-nos adequadamente, fazendo exercícios agradáveis, descansando bastante e deixando de ingerir substâncias que nos prejudiquem — como o açúcar, a cafeína, o álcool e a nicotina. Fazer o que é bom e eliminar o que não é bom não é um sacrifício — significa que nos cuidamos e que nos amamos.

A prece e a meditação

Ao programarmos o nosso dia, é importante reservarmos tempo para fazer muitas atividades diferentes: trabalhar, nos divertir, ficar com a família e com outras pessoas do nosso convívio, cuidar do corpo e passar algum tempo em meio à natureza. Também é importante ter tempo para orar e meditar todos os dias. Mesmo se não acreditarmos na oração para um pai/Deus, no sentido tradicional, o ato de orar nos ajuda a voltar o pensamento para a espiritualidade e a concentrá-lo nela.

As primeiras horas do dia são ideais para fazermos o ritual da oração. Para isso, não precisamos ter uma atitude ou uma crença religiosa em especial, mas simplesmente reservar um tempo, no começo do dia, para pensar sobre os nossos objetivos, ideais e convicções mais elevadas. Concentramos as nossas atitudes no ponto de vista espiritual e pedimos a orientação e a ajuda — de Deus, do nosso Poder Superior ou do nosso espírito. Preparamo-nos para tomar sábias decisões e para dar uma contribuição positiva, útil e amorosa aonde quer que formos.

Meditar não significa necessariamente fazer visualizações, entoar cânticos ou qualquer outra coisa em especial, mas reservar um tempo para deixar de lado todos os pensamentos do ego. Podemos simplesmente relaxar e deixar a mente vagar, ou nos concentrar numa pergunta ou problema, abrindo a nossa mente para possíveis soluções e outras maneiras de enxergar essas dúvidas. É importante termos tempo para orar e meditar todos os dias, não importa de que forma. É sempre muito bom reservar alguns momentos para abrir os horizontes mentais e relaxar o ego.

A aprendizagem

Uma das maneiras mais agradáveis de alimentarmos o nosso espírito é através do processo de aprendizagem. Não importa a idade que tenhamos ou quanto tempo faz que deixamos a escola, podemos continuar aprendendo com livros, cursos ou viagens. Podemos estudar outra cultura ou idioma, aprender a tocar um instrumento ou ler um livro sobre um assunto que seja novo para nós. Podemos aprender a jogar golfe ou tênis ou fazer equitação. Podemos aprender a fazer um suflê ou rebocar uma parede.

Não há limite para todas as coisas novas que podemos aprender. Podemos desenvolver novas habilidades e ter novas idéias todos os dias. Passar o tempo dessa forma não só mantém a nossa mente trabalhando e ajuda a aumentar a nossa autoconfiança, como também supre a necessidade espiritual que temos de nos desenvolver. Isso mantém a nossa mente e o nosso coração vivos.

Cuidar de plantas e animais

Conviver com plantas e animais cria em torno de nós uma atmosfera positiva. Mas há outro motivo para enchermos a nossa vida com essas criaturas: tê-las por perto nos dá a oportunidade de cuidar de outro ser. Esse tipo de atividade é uma dádiva para nós, assim como para as plantas ou animais que criamos. Cuidar de coisas vivas — ajudá-las a viver, crescer e prosperar — é benéfico tanto para nós quanto para elas.

Todos precisamos partilhar a nossa energia espiritual para encorajar, fortalecer, alimentar e ajudar outras coisas vivas. Podemos nos cercar de vasos de plantas, jardins ou jardineiras e animais de estimação. Podemos fazer um trabalho voluntário para alguma instituição de caridade e alimentar os pássaros que vivem soltos nos parques e jardins. Podemos regar uma arvorezinha ou plantar uma semente. Podemos zelar pelo nosso planeta economizando água e energia, reciclando materiais, usando produtos biodegradáveis, reutilizando recipientes de plástico em vez de jogá-los fora e descartando substâncias tóxicas com prudência. Cada um de nós pode contribuir positivamente para a vida como um todo — da qual somos uma parte inseparável.

Viver o momento presente

Cada momento nos dá a oportunidade de entrar em contato com alguma experiência e com todo o seu potencial. Alguns desses momentos passam despercebidos porque estamos preocupados, com medo, com dúvidas e ressentidos com a realidade da vida. Freqüentemente, olhamos para trás com pesar, para todas as oportunidades de amar, de sentir alegria e de compartilhar que perdemos. Quando começamos a nos tornar conscientes de todas as coisas negativas que podemos eliminar da nossa vida e do nosso meio ambiente, também podemos tomar consciência de cada momento belo quando ele ocorrer.

Quando paramos de lamentar o passado e de ter fantasias sobre o futuro, podemos despertar para o momento que temos nas mãos. Tomamos consciência do toque, do sorriso, da suave presença do amor, da paz, da alegria e da beleza que estão à nossa volta. Podemos apreciar cada momento especial que surgir. Podemos parar de perder todas as oportunidades maravilhosas que temos de nos alegrar. Podemos nutrir a nossa alma com paz, em cada momento presente.

Mente aberta

Ter a mente aberta é um dos maiores presentes que podemos dar ao nosso espírito. Quando a mente está abarrotada de suposições, preconceitos e expectativas, não há espaço para a paz, o amor e a verdade. Quando a porta da nossa mente está fechada, não podemos receber todos os alimentos de que o nosso espírito precisa. Não podemos identificar e aceitar o que o nosso espírito precisa e o que nos trará a verdadeira paz interior e felicidade, a menos que estejamos abertos para isso.

Ter a mente aberta significa deixar de lado tudo o que supomos sobre nós mesmos, sobre os outros e sobre a vida. Significa abandonar o ressentimento e as defesas do nosso ego com relação aos outros. Significa perdoar, tolerar, aceitar e querer aprender. Significa compreender que sempre há outra maneira de enxergar as coisas. Esse é o começo para compreendermos a nós mesmos e aos outros, reconhecendo o nosso espírito e optando por um ponto de vista do amor e da felicidade.

Recursos espirituais
para momentos difíceis

Existem momentos em que nos deparamos com dificuldades e nos sentimos desamparados. Há momentos em que sentimos melancolia sem nenhum motivo aparente. Há momentos em que a realidade do mundo nos deixa arrasados. Esses momentos acontecem com *todos* nós, mas existem várias formas de superá-los. Podemos tomar as atitudes que nos levam de volta à serenidade, à tranqüilidade, à aceitação, à paz, ao amor e à verdadeira felicidade.

Cada um de nós pode identificar as atividades e os ambientes que mais contribuem para sairmos de uma depressão temporária. A seguir, apresento uma lista das coisas que, na opinião de muitas pessoas, são de extrema ajuda:

- música
- falar sobre o assunto com outra pessoa
- pensar no assunto
- aceitar o fato e deixá-lo seguir o seu curso
- ler algo que o inspire e que lhe renove o ânimo
- escrever um diário
- ser grato
- ter bom humor

- ajudar os outros
- ir a locais especiais
- tomar um banho
- fazer exercícios ou alguma outra atividade física

A música

Um homem disse: — Em geral, quando estou deprimido, primeiro ouço uma música bem deprimente. Eu realmente mergulho nela. É como se ela entendesse como estou me sentindo, como se realmente me conhecesse e como se estivesse deprimida junto comigo. É quase como se tivesse alguém para compartilhar a minha depressão. E é como se esse alguém fosse perfeito, porque ele fez poesia para mim e a musicou de acordo com meu estado de humor. Depois, quando já estou bem deprimido e preciso transcender para um estado de ânimo mais elevado, eu tento fazer essa transição ouvindo músicas que sejam cada vez mais animadas.

Uma mulher conta que qualquer música que seja bem animada faz com que ela se sinta melhor: — Algumas músicas simplesmente mudam o meu estado de humor se eu ouvi-las bastante — o *reggae*, o *cajun*, alguns tipos de *rock*. Qualquer coisa que seja realmente animada e alegre. — Outra mulher diz que, nas ocasiões em que está deprimida, ela ouve fitas de músicas para meditação, que são bem suaves, transmitem paz e calma:

— Descobri que essa música me faz muito bem — ela diz.

Podemos ouvir vários tipos de música para determinar quais deles funcionam melhor para nós, sob várias circunstâncias. Podemos aceitar a dádiva da música e usar o seu poder de cura.

Conversar com os outros

Muitas pessoas acham que conversar as ajuda a expressar e a entender os próprios sentimentos, a colocar a frustração para fora, a se sentir compreendidas e a superar um período de depressão. Uma mulher diz:

— Eu falo sobre a minha depressão com alguém porque assim não tenho de carregá-la sozinha. Um homem diz:

— Eu peço a opinião de outra pessoa sobre a minha situação e sobre o que estou sentindo para não me sentir completamente sozinho.

Quando compartilhamos o que pensamos e o que sentimos com outras pessoas, podemos descobrir que não estamos tão sozinhos quanto achávamos. Quando expomos nossos sentimentos e conversamos sobre eles, podemos encarar os nossos pensamentos e sentimentos de uma maneira nova. Podemos passar a ter mais intimidade e amizade com as pessoas que querem nos ouvir e tentar nos compreender.

Podemos conversar sobre os nossos sentimentos com um membro da família, um amigo, um terapeuta, um padre ou pastor ou um médico. Podemos descobrir grupos de pessoas que nos deixem seguros para discutir sobre os nossos sentimentos, como os grupos de apoio e os encontros. Podemos abrandar os nossos sentimentos colocando-os para fora. À luz do dia, as nossas preocupações, o medo e a tristeza não parecem tão terríveis.

Pensar numa solução para o problema ou simplesmente aceitá-lo

Algumas pessoas dizem que a reflexão e a auto-análise ajudam-nas a compreender os próprios sentimentos e a entender melhor as circunstâncias, as situações e os relacionamentos. Um homem diz:

— Tento me distanciar dos fatos o máximo que posso, examino cada detalhe, os motivos e o que provocou os meus sentimentos.

Analiso as coisas para poder compreender o que me levou à depressão. Se souber que fiz tudo o que podia para entender as circunstâncias, então sinto-me mais à vontade para tentar mudar os fatos ou me conformar com eles. Então posso deixar a depressão seguir seu curso, o mais rápido possível e acabar.

Outras pessoas, porém, acham que aceitar os sentimentos sem analisá-los a fundo funciona muito melhor. Uma mulher diz:

— Eu não fico mais sentada, imaginando por que estou deprimida. Simplesmente aceito o fato — e isso já diminui um bocado da sua força.

Outra diz:

— Eu sei que ela vai passar. Posso me livrar dela, porque as experiências que tive me mostraram que isso não é o fim do mundo e que vou ficar bem.

A gratidão

Todos já ouvimos dizer que toda nuvem escura tem um contorno prata e que deveríamos olhar para o lado brilhante e agradecer. Mas, às vezes, essas palavras encorajadoras parecem vazias e sem sentido. Às vezes, sentimo-nos totalmente incapazes de ver algo bom numa situação ou na circunstância em que nos encontramos. Existem ocasiões em que achamos que não temos nada para agradecer.

São esses os momentos em que a gratidão é mais benéfica. Uma mulher diz que tudo o que ela tem que fazer para sair da depressão é "sentar, lembrar como eu estava cinco anos atrás e ser grata". Olhar ao redor para observar as mínimas coisas e agradecer por elas pode nos ajudar a ver todas as maravilhosas bênçãos a que nunca demos valor. Olhar para trás e ver como evoluímos com o passar dos anos pode nos fazer ver o quanto progredimos e nos incentivar a avançar cada vez mais. Não há ninguém no mundo que, em algum momento da vida, não tenha realmente nada a agradecer.

Outras dádivas para nós mesmos

Como foi mostrado anteriormente, existem muitas outras formas de superarmos fases de depressão ou de dificuldades. Podemos ler algo inspirador que nos eleve o ânimo, reservar um tempo só para nós, em que possamos relaxar; nos dedicar a atividades que beneficiem aos outros ou que tragam conseqüências positivas, como cuidar do jardim, limpar a casa, cozinhar ou fazer trabalhos artísticos. Podemos cantar, dançar, correr, caminhar, nadar, andar de bicicleta ou jogar bola para ativar a circulação sangüínea e os mecanismos naturais do cérebro para aliviar a tensão. Podemos passar algum tempo nos nossos locais favoritos, nos cercar das coisas de que mais gostamos e escrever sobre os nossos pensamentos e sentimentos num diário. Podemos recorrer a todas as dádivas que estão disponíveis no mundo e dentro de nós mesmos.

ENTRAR EM CONTATO COM A NOSSA ESPIRITUALIDADE

A experiência espiritual é algo pessoal e particular. Não podemos vivê-la simplesmente indo a uma igreja, fazendo boas ações ou um determinado número de orações. Não podemos criar experiências espirituais transformadoras através da simples vontade, mas podemos estimulá-las nos abrindo para elas, reconhecendo-as, aceitando-as e prestando atenção para o que elas podem nos ensinar.

Entrar em contato com a nossa espiritualidade significa simplesmente ter consciência dela. Às vezes, isso acontece só por um breve instante, mas mesmo assim sabemos que algo especial aconteceu. Nós a ignoramos, a atribuímos a alguma condição externa ou sentimos até medo dela. Contudo, se quisermos abrir a mente para a espiritualidade, se estivermos prontos para vivê-la, ela estará presente para nós.

Todas as coisas que mencionamos neste livro podem ajudar a nos preparar para viver experiências espirituais. Quando deixamos de lado o ponto de vista do ego, mesmo que só por um instante, abrimo-nos para a sabedoria do espírito. A oração e a meditação ajudam muitas pessoas a se afastar do ponto de vista do ego e se abrir para o espírito. Porém, ter consciência e sensibilidade para enxergar os aspectos espirituais de cada experiência, relacionamento e acontecimento também pode nos ajudar a ver tudo sob o ponto de vista do espírito.

As experiências espirituais nem sempre são visões espetaculares ou grandes revelações. Às vezes, elas são sutis, tranquilas e breves. Às vezes, elas acontecem quando menos esperamos. Às vezes, elas são mal interpretadas. Elas podem ser tão simples quanto um sorriso ou tão complexas quanto uma pesquisa científica. Elas estão em todos os lugares, o tempo todo. Temos que somente abrir os olhos e o coração para a sua presença.

As escolhas positivas

Para sermos felizes, não analisamos as circunstâncias externas da nossa vida e as adaptamos de acordo com a nossa vontade. Simplesmente procuramos nos lembrar do nosso centro, do nosso espírito e da nossa fonte de felicidade, mantendo-os sempre em mente. Examinamos objetivamente cada escolha que fazemos, para ver se elas contribuem ou não para a nossa verdadeira paz interior, bem-estar e felicidade.

Ao longo deste livro, falei muito sobre sermos pragmáticos, analisarmos as nossas convicções e atitudes para determinar o que funciona para nós. *A Course in Miracles* diz: "'Bom é aquilo que funciona' é uma afirmação correta, mas insuficiente. Somente o que é bom *pode* funcionar. Nada mais funciona." Perdemos muito tempo e energia com coisas que nunca nos farão verdadeiramente felizes. Agora vamos nos ater àquilo que funciona e deixar de lado o que não funciona, não importa o quanto isso pareça lógico ou o quanto queremos que funcione.

Se as nossas opiniões e comportamentos não prejudicam ninguém e nos ajudam a viver de maneira plena, saudável, sensata e feliz, o que mais precisamos saber sobre elas? No filme *Crimes and Misdemeanors*, um velho patriarca de uma família judia afirma que, mesmo que ele perceba que as suas convicções estão erradas — que, na verdade, Deus não existe, nem vida depois da morte, nem justiça divina —, *ele terá vivido melhor por ter acreditado e agido como se essas coisas existissem*. Vamos nos agarrar às convicções que nos dão bem-estar e nos permitem crescer e evoluir.

Já que temos outra alternativa, por que perder tempo nos atormentando com o passado e nos preocupando com o futuro? Por que perder tempo e energia querendo que as coisas que não podemos mudar sejam diferentes? Por que ignorar todas as oportunidades que temos para mudar o que pode ser mudado? Vá em frente — arrisque ser otimista. Ouse ser verdadeiramente feliz. O que você vai perder? Ser uma Poliana não será pior do que ser um pessimista inveterado. Tente e veja o que acontece.

Exercícios

Exercício Um

Afirmações. Escolha uma frase que lhe pareça marcante, que pareça perfeita para as circunstâncias que você está vivendo. Faça dessa frase seu lema por uma semana. Escreva-a em papéis e coloque-os no bolso, na bolsa, no armário, no espelho, no carro ou em qualquer outro lugar que fique à vista durante toda a semana. Comece cada dia repetindo várias vezes essa afirmação, enquanto estiver no banho, fazendo a barba ou se vestindo. Repita a frase algumas vezes durante o dia. Antes de ir dormir, repita-a várias vezes mentalmente.

Exercício Dois

Proteja a sua mente. Preste atenção em tudo que você deixa invadir seus pensamentos — a televisão, o rádio, leituras, outras pessoas e todas as outras fontes de informação que bombardeiam você diariamente. Quais delas você pode evitar? Quais delas exercem um efeito positivo sobre seu modo de pensar, sobre seus sentimentos, atitudes e bem-estar? Como você pode reduzir as que são nocivas e aumentar as que são benéficas?

Exercício Três

Alimento para a alma. Pense em todas as maneiras pelas quais você alimenta o seu ser espiritual mais elevado. De que outras formas você pode contribuir para equilibrar seu estado mental, físico, emocional e espiritual? Que escolhas você pode fazer para sair da depressão? Que tipos de presente você pode dar a si mesmo o tempo todo?

Epílogo

A Serenidade

O crescimento sempre é um processo gradativo, uma ponte que se atravessa lentamente e não uma esquina dobrada às pressas.

— John Powell

Sempre nos referimos às experiências espirituais ou às reviravoltas da nossa vida como "renascimentos" ou "novos começos", mas, na verdade, os vemos como se fossem uma espécie de formatura. Pensamos, *Ufa! Graças a Deus essa etapa da minha vida acabou!* Esquecemos que renascer significa ter uma nova infância, novas lições para aprender e experiências por que passar. A vida nunca deixa de ter desafios, dificuldades ou dor. Mas podemos mudar as reações que temos a essa realidade da vida e é nisso que está a nossa maturidade espiritual e serenidade.

As pessoas dizem que se sentem mais "sábias", "mais conscientes" e "mais tolerantes" à medida que evoluem espiritualmente. Elas continuam enfrentando os mesmos problemas, mas "enxergam as coisas de maneira diferente". William James fez uma lista dos efeitos das experiências espirituais:

- uma firme convicção e fé num Poder Superior
- uma sensação de liberdade
- disposição para amar os outros

- paciência, tolerância e delicadeza
- perda do medo e da ansiedade
- sentimento de paz, não importa o que aconteça
- viver o momento presente
- princípios morais; comportamento que reflete os ideais mais elevados
- aceitação da imperfeição
- simplicidade
- otimismo
- desprendimento; perda de dependência

Essas são as conseqüências, os resultados, as recompensas e a evidência do fato de nos aproximarmos do nosso eu espiritual. Eles não acontecem de um dia para o outro e não significam que paramos de fazer escolhas. No entanto, optar por ver com os olhos do nosso espírito amoroso, e não do nosso ego amedrontado, não é um sacrifício — é uma libertação. É nos libertarmos da prisão a que nos impomos, do medo, da dúvida, da raiva, da preocupação, que só nos trazem sofrimento.

Quando aprendemos a nos presentear com essa liberdade, passamos a ser capazes de ajudar os outros. Não existe diferença entre fazer o bem para os outros e para nós mesmos; se estivermos realmente fazendo o que é bom para os outros, também teremos nos beneficiado; se estivermos realmente fazendo o que é bom para nós, os outros serão beneficiados. A nossa paz e serenidade não salvarão o mundo, mas tampouco irão prejudicá-lo. Mas uma pessoa que tenha uma atitude amorosa pode somente tornar o mundo melhor.

A serenidade reside dentro de cada um de nós, neste exato momento. Ela aguarda, calma e pacificamente, enquanto caminhamos, como sonâmbulos, ao longo da nossa vida cheia de condições. Despertemos para o potencial que temos para o bem. Olhemos para dentro de nós para ver o que realmente somos. Olhemos para fora para ver de fato o mundo à nossa volta. Despertemos para a incomparável alegria de viver incondicionalmente.

Bibliografia e sugestões de leitura

Allen, James. As A Man Thinketh. *Nova York: Putnam, 1959.*
Beattie, Melody. Beyond Codependency: And Getting Better All the Time. *Center City, Minneapolis: Hazelden Educational Materials, 1989.*
Buscaglia, Leo. Bus 9 to Paradise. *Nova York: Ballentine, 1987.*
Campbell, Joseph, e Bill Moyers. The Power of Mith, *Nova York: Doubleday, 1988.*
Cleveland, Martha. The Twelve Step Response to Chronic Ilness and Disability. *Center City, Minneapolis: Hazelden Educational Materials, 1988.*
Collins, Vincent P. Acceptance. *St. Meinrad, Indianapolis: Abbey Press, 1960.*
Foundation for Inner Peace. A Course in Miracles. *Tiburon, California: Foundation for Inner Peace, 1976.*
Hirshfield, Gerald. My Ego, My Higher Power, and I. *Van Nuys, California: HI Productions, 1985.*
James, William. The Varieties of Religious Experience. *Nova York: Penguin Classics, 1982. [As Variedades da Experiência Religiosa, publicado pela Editora Cultrix, São Paulo, 1991.]*
Jampolsky, Gerald. Goodbye to Guilt. *Nova York: Bantam Books, 1985.*
Jampolsky, Gerald. Out of Darkness Into the Light: A Journey of Inner Healing. *Nova York: Bantam Books, 1989.*
Jordan, William George. The Majesty of Calmness. *Center City, Minneapolis: Hazelden Educational Materials, 1980.*
Kushner, Harold. When All You've Ever Wanted Isn't Enough. *Nova York: Pocket Books, 1986.*
Kushner, Harold. When Bad Things Happen to Good People. *Nova York: Schocken Books, 1981.*
Murphy, Joseph. The Power of Your Subconscious Mind. *Nova York: Bantam Books, 1982.*

Pearsall, Paul. Superimmunity. *Nova York: McGraw-Hill, 1987.*
Pearsall, Paul. Super Joy. *Nova York: Doubleday, 1988.*
Peck, M. Scott. The Road Less Traveled: A New Psychology of Love, Traditional Values, and Spiritual Growth. *Nova York: Touchstone, 1978.*
Phillips, J. B. Your God Is Too Small. *Nova York: Macmillan, 1961.*
Pitzele, Sefra Kobrin. We Are Not Alone: Learning to Live with Chronic Illness. *Nova York: Workman Press, 1986.*
Powell, John. Happiness Is an Inside Job. *Valencia, California: Tabor Publishing, 1989.*
Prather, Hugh. Notes on How to Live in the World... and Still Be Happy. *Nova York: Doubleday, 1986.*
Prater Hugh. The Quiet Answer. *Nova York: Doubleday, 1982.*
Radner Gilda. It's Always Something. *Nova York: Simon & Schuster, 1989.*
Russell, A. J., org. God Calling. *Nova York: Jove Books, 1978.*
Schwartz, Lynn Sharon. Disturbances in the Field. *Nova York: Harper & Row, 1983.*
Siegel, Bernie. Peace, Love, & Healing. *Nova York: Harper & Row, 1989.*
Stearns, Ann Kaiser. Coming Back: Rebuilding Lives After Crisis and Loss. *Nova York: Ballentine, 1988.*
Stearns, Ann Kaiser. Living Through Personal Crisis. *Nova York: Ballentine, 1985.*

HEI DE VENCER

ARTHUR RIEDEL

Neste livro, ARTHUR RIEDEL, verdadeiro professor de otimismo, expõe, em linguagem clara e atraente, uma filosofia prática de vida baseada na auto-sugestão mental e no desenvolvimento da vontade. Trata-se de livro que se dirige particularmente a todos quantos ainda não se encontraram ou não acharam à paz interior necessária a uma existência calma e venturosa. HEI DE VENCER ensina seus leitores a cultivarem uma imaginação positiva, que os capacite a obter na vida aqueles triunfos de ordem espiritual e material que antes lhes pareciam impossíveis de alcançar.

EDITORA PENSAMENTO

Amor e Esperança

Uma Mensagem para este Novo Milênio

Kiyo Sasaki Monro

Você anda chocado com todo o ódio, violência e negatividade que existem no mundo? Já se perguntou quem você realmente é e se está trabalhando para reverter essa situação? No meio desse caos e de todas essas incertezas, como você pode sentir amor e esperança e tornar sua vida diária mais plena e repleta de alegria?

Amor e Esperança brilha com a luz de uma mensagem divina, da forma como foi transmitida por Kiyo Sasaki Monro. Quando estiver lendo este livro, deixe que o Amor Divino do Criador flua através de você e renove suas esperanças de tempos melhores, de amor e cooperação entre as pessoas.

Deus tem um plano e você faz parte dele. *Amor e Esperança* revela qual será a mais surpreendente década da história da raça humana e o papel que você irá desempenhar se decidir dar a sua participação.

EDITORA PENSAMENTO

PARA CHEGAR AO CORAÇÃO DO SENHOR

Orações Inspiradas nos Salmos de Davi

Yara Beduschi Coelho

"Foi por acreditar na bondade divina, no seu amor incondicional pela humanidade como um todo e por cada um de nós em particular, e por aceitar a palavra do Senhor como fonte de inspiração e verdade, que fui até a Bíblia buscar orações que me ajudassem a falar com Deus.

"Nessa busca, os Salmos surgiram como uma esperança de conhecimento, fé, poder e realização. Com a ajuda dos Salmos, acabei por encontrar minhas próprias palavras para orar, e passei a registrá-las. Essa inspiração me levou a reavaliar os meus sentimentos, a minha religiosidade e espiritualidade. Passei a acreditar no poder da oração, na bondade divina e, sobretudo, aprendi que Deus me ama e traça meus caminhos para que eu possa evoluir e elevar meu espírito na Sua direção.

"A orientação das preces contidas neste livro é no sentido de que primeiro *eu* melhoro, *eu* perdôo, *eu* amo o meu semelhante, para então receber a promessa de amor eterno de Deus. As preces são de luz e amor, de fé, perdão, harmonia, esperança e caridade."

EDITORA PENSAMENTO

RECEITAS DE FELICIDADE
Ken Keyes Jr. e Penny Keyes

Este livro ensina como viver melhor, independentemente do que os outros possam dizer ou fazer. As três receitas de felicidade que ele propõe mostram como depende de você — e só de você — viver num estado de permanente felicidade, ajudando-o a harmonizar seu relacionamento com as pessoas e a aumentar a emoção de viver.

Estas *Receitas de felicidade* podem representar um primeiro passo para tornar mais rica a sua vida, ajudando-o a alcançar níveis mais elevados de energia, de discernimento, de amor e, principalmente, da mais pura alegria.

* * *

Ken Keyes Jr., o autor, é o fundador da *Sciences of Happiness* e do *Ken Keyes College*. O objetivo de seu trabalho é colocar ao alcance de todos técnicas simples mas eficazes para ajudar as pessoas a resolver mais facilmente os problemas que têm de enfrentar no seu dia-a-dia.

Penny Keyes, sua mulher, trabalha em estreita colaboração com o marido, ajudando-o em seus escritos e nos cursos de fim de semana ou de longa duração ministrados em sua instituição. Os seminários por eles organizados possibilitaram a milhares de pessoas, vindas de diversas partes do mundo, a descoberta da força renovadora do amor.

EDITORA PENSAMENTO

ALEGRIA E TRIUNFO

Eis um livro que apresenta verdadeiras receitas contra a angústia, o medo, a incerteza, a falta de confiança própria e outros obstáculos que, somados, resultam no "atraso de vida".

Nele não encontrará o leitor nenhum ritual cabalístico ou fórmula misteriosa, de difícil enunciação, mas simplesmente os meios de despertar em seu íntimo as poderosas forças do Eu Superior ou seu Cristo Interno.

Com efeito, desde a leitura de suas primeiras páginas, sentimo-nos animados daquela *fé dinâmica*, que tantos prodígios tem realizado no mundo.

Fugindo ao processo adotado pela maioria dos tratadistas da matéria em questão, o autor procurou demonstrar como devemos aplicar a Fé em nossa vida prática, citando centenas de animadores exemplos, em que a alegria e o triunfo voltaram a brilhar na vida dos desesperados e necessitados.

"O vosso Eu Sou, ou Cristo Interno, é o vosso deus pessoal ou a partícula divina em vós, *a qual tem todas as qualidades de Deus e todos os poderes para realizar as vossas aspirações*, desde que não sejam prejudiciais às dos outros."

Baseados neste princípio citado pelo autor, repetindo as *afirmações especiais* oferecidas para casos de urgência, sentimos tamanha convicção da existência do *poder interno* que possuímos, que dificilmente voltaremos a ser dominados pelos nossos piores inimigos: a angústia, o ódio, o ressentimento, o temor das dívidas e outras torturas que, em geral, acabrunham a maior parte da Humanidade.

Como os pensamentos negativos abatem o nosso sistema nervoso, prejudicando a nossa saúde física e moral, notarão os que seguirem os conselhos e os contagiantes exemplos apontados no livro que, ao cabo de pouco tempo, estarão com boa disposição mental e saúde normal.

"*É vontade de Deus que prospereis e vivais na abundância de tudo o que é bom e desejável.*"

Ora, mantendo viva essa afirmação em nosso espírito, fortalecemos o nosso subconsciente e passamos a repelir a idéia de que viemos a este mundo para cumprirmos uma "provação" de miséria, fome, pobreza...

Deus nos vê como seres perfeitos, *criados à sua imagem e semelhança*, possuindo poder e domínio.

Essa é a perfeita idéia de nossa entidade, registrada na Mente Divina, à espera do nosso reconhecimento, pois só poderemos manifestar o que a nossa mente puder ver que somos e alcançarmos *aquilo que ela nos vê alcançando*.

Portanto, mediante a disciplina da imaginação e os esplendores da Fé Dinâmica, tão bem apresentada neste livro, terá o leitor a chave da sua alegria e seu triunfo!

Ilustrado com inúmeros exemplos de difíceis problemas, que encontraram rápida solução *através da força interna que possuímos*, o livro apresenta ao leitor muitos casos que lhe dizem respeito, como também aos seus familiares e amigos, apontando-lhes uma saída salvadora.

É o que a todos desejamos, para que doravante possam viver com alegria e triunfo!

EDITORA PENSAMENTO

DESCOMPLICANDO A VIDA

Histórias de Esperança e de Coragem, Inspiração e Sabedoria

Michael J. Roads

Este livro contém uma seleção de histórias inspiradoras de calorosa simpatia, histórias engraçadas e profundamente comoventes, extraídas das aventuras e desventuras do casal Michael e Treenie Roads. Empenhados na busca de significado e de liberdade em suas vidas, eles descobrem, nas situações mais rotineiras do dia-a-dia, que muitas vezes as respostas são desconcertantemente simples.

"Para a maioria de nós — afirma Michael Roads na introdução — a vida é agitada, perpetuamente agitada. A correria diária, para nós que temos de enfrentar ônibus, trens e metrô, põe nossos nervos à prova, e o ritmo que temos de seguir, bem como os problemas que temos de suportar no trabalho exercem sobre nós uma pressão diária. Por outro lado, complicações da vida familiar consomem todo o tempo livre que conseguimos conquistar para nós. E ficamos tão ocupados, tão pressionados, tão intensamente emaranhados na pressa global que agita a vida que nos esquecemos do poder de tudo o que é simples. Este livro é um lembrete."

* * *

Michael J. Roads nasceu no Reino Unido e emigrou para a Austrália com sua esposa, Treenie, em 1964. O casal dedicou-se à agricultura na Tasmânia, ilha situada ao sul do continente australiano. Depois de alguns anos de prática, Michael tornou-se um perito em agricultura orgânica e um consultor muito respeitado nesse ramo de atividade. Fundadores da Comunidade Homeland inspirada no modelo de Findhorn, da Escócia, Michael e Treenie moram hoje em Queensland, na Austrália.

EDITORA PENSAMENTO